監修者——佐藤次高／木村靖二／岸本美緒

［カバー表写真］
ラスク国務長官の娘が黒人男性と結婚したことを
取り上げた『タイム』誌の表紙
（1967年9月29日号）

［カバー裏写真］
『タイム』誌の表紙を飾ったアフリカ系ポピュラー
音楽スター、マイケル・ジャクソン
（1984年、アンディ・ウォーホール画）

［扉写真］
人種差別の即時撤廃を求めるワシントン大行進
（1963年8月）

世界史リブレット91

アメリカ史のなかの人種

Yamada Shiro
山田史郎

目次

人種からみたアメリカ史

人種の問題にふれることなく、アメリカの歴史を語ることができるだろうか。例えば、高校世界史の教科書でアメリカ合衆国の部分だけをたどってみると、主要なできごとが、かならずといっていいほど人種への言及をともなっていることがわかる。山川出版社の『詳説世界史』の記述を追ってみよう。

十八世紀前半までにイギリスが北米に築いた一三植民地で、イギリスからの植民者は、ラテンアメリカの場合と異なり、先住民のインディアン▲と融合しなかった。北東部植民地では自営農民の農業や商工業が発達した一方、南部ではおもに黒人奴隷を使用したプランテーション▲が盛んとなり、こうした産業の発展が、反英独立運動の基盤となっていく。人民主権・三権分立・基本的人権の

▼インディアン　約二万年前にユーラシアから現在のベーリング海地域をへてアメリカ大陸にわたった先住民。現在のアメリカ合衆国における先住民インディアン人口は、約二〇〇万人。近年では、コロンブスがアメリカ大陸をアジアと誤解したことに由来する「インディアン」よりも、「ネイティヴ・アメリカン」(先住アメリカ人)と呼ぶことが多い。

▼プランテーション　綿花、タバコ、米、砂糖などの商品作物を、強制労働に依拠して大規模に生産する農業生産様式。北米では十七世紀のヴァージニアで始まるが、労働力が白人年季契約奉公人(一〇頁参照)からアフリカ人奴隷に転換したことによって急速に拡大した。

保障などの原則を確立して独立・建国が達成されるが、黒人奴隷や先住民の権利はかえりみられなかった。十九世紀にはいって領土拡大が進展するにつれて、白人に圧迫されたインディアンの多くはミシシッピ川以西の保留地に移された。十九世紀後半に西部開拓が大規模に進められるようになると、追いつめられたインディアンは各地で激しく抵抗したが、一八九〇年ころまでに白人に制圧された。

南北戦争の結果、奴隷制度は廃止されたが、南部諸州は十九世紀末から、解放された黒人の権利を州法その他によって制限し、黒人の多くはシェアクロッパーとして苦しい生活をよぎなくされ、社会的・経済的差別待遇が確立していった。一方、旧農場主は、白人の小農民や新興産業資本家らとともに、南部を民主党の堅固な地盤とし、一部の白人はクー・クラックス・クラン(KKK、三九頁参照)などの秘密結社を組織して、非合法的手段で黒人に暴行を働いた。

南北戦争後、工業がめざましく躍進してアメリカは世界一の工業国となり、移民がこの工業発展を支えるうえで重要な役割を担ったが、東欧・南欧系の新移民やアジア系移民の多くは、低賃金の不熟練労働者で、のちの移民制限問題

▼保留地　一八三〇年に連邦議会は、インディアンを白人の侵略から守り「文明化」を促進するという名目で、インディアン強制移住法を可決し、ミシシッピ川以東に居住していた部族を強制的にミシシッピ川以西の保留地(現オクラホマ州)に移住させた。

▼南北戦争(一八六一〜六五年)　商工業の発達した北部と農業地域の南部との経済・社会的対立が奴隷制問題(とくに、西部への奴隷制拡大問題)によって深まり、南部一一州が連邦から脱退して、アメリカ連合国をつくる。一八六一年に戦端が開かれ、六五年にヴァージニアのアポマトックスで南軍は降伏し、戦争は終わった。

▼シェアクロッパー　分益小作人。地主から土地・農具・種子・住居などを借りて耕作し、収穫物を地主と分け合うが、その分配は小作人にとって極めて不利で、地主や商人への借金に追われて貧しい境遇にとどめおかれることが多かった。

▼一九二四年移民法　年間移民受入数を一五万人とし、「同化」に問題があるとされた東・南欧系移民を厳しく制限する国別割当制を定めた。日本人を含むアジア系移民は、「帰化不能」であるがゆえに、全面的に禁止された。

の発端となる社会問題も起こった。第一次世界大戦後、アメリカは大いなる繁栄の時代をむかえ、現代大衆文化が成立する一方、伝統的な白人社会の価値観が強調されて禁酒法が敷かれ、一九二四年移民法▲では、日本を含むアジア系移民が禁止されるなど、保守的な傾向もあらわれた。

第二次世界大戦後になると、冷戦下でアメリカ経済は安定した成長を続けたが、それにつれてこれまで繁栄の影におかれ、差別を受けていた黒人のなかから、平等な公民権を求める運動が広がった。ケネディ大統領は、黒人の公民権運動への対策を模索し、つぎのジョンソン大統領も黒人差別撤廃をめざす公民権法を成立させたが、公民権運動の指導者キング牧師が一九六八年に暗殺されるなど、黒人運動をめぐる対立も深刻になり、社会の亀裂があらわになった。

このように、同じ教科書のフランスやドイツの歴史にかんする叙述と比べるまでもなく、「先住民インディアン」「白人」「黒人」「アジア系」などの人種区分を用いて事象を説明することが、アメリカ史ではほとんど不可避である。

しかしながら、個々の人種的カテゴリーが何を指すかは決して自明ではなく、時代や状況によってその中身は一様ではない。例えば、「白人」はヨーロッパからの移住者とその子孫として規定できるとしても、十九世紀前半に先住民を圧迫した「白人」と、南北戦争後に解放黒人にたいする差別的制度を確立した「白人」と、一九二〇年代の大衆文化と保守化を担った「白人」と、六〇年代に黒人運動と対立した「白人」を、まったく同一の集団とみなすことは不可能である。生物学的に自明ではなく、固定的な本質を有する集団でもない「人種」は、特定の時代状況のなかでアイデンティティの境界を、あるときは排他的に収縮させ、またあるときは包括的に膨張させながら構築されてきたものだからである。

このような問題関心から発して、「白人とは何か」を検証しようとする白人性(whiteness)研究と並んで、二十一世紀になって注目されている研究アプローチが、混交・混血(mixed race)研究である。これは、歴史研究の領域においては、明確に区分された人種集団を前提として組み立てられたアメリカ史像のなかに、人種の境界をこえる異人種間男女関係と混血者の実態を位置づけることを主眼としている。

混交・混血研究が台頭してきた背景として、一九九〇年代のアメリカにおけ

本書の地域区分（現在の地域区分とは若干異なる。49アラスカと50ハワイを除く）

北部（北東部） 1メイン、2ニューハンプシャー、3ヴァーモント、4マサチューセッツ、5ロードアイランド、6コネティカット、7ニューヨーク、8ニュージャージー、9ペンシルヴァニア、（中西部）10オハイオ、11インディアナ、12イリノイ、13ミシガン、14ウィスコンシン、15ミネソタ、16アイオワ

南部 17デラウェア、18メリーランド、19ヴァージニア、20ウェストヴァージニア、21ノースカロライナ、22サウスカロライナ、23ジョージア、24フロリダ、25ケンタッキー、26テ

ネシー、27アラバマ、28ミシシッピ、29ミズーリ、30アーカンソー、31ルイジアナ、32オクラホマ、33テキサス

西部 34ノースダコタ、35サウスダコタ、36ネブラスカ、37カンザス、38モンタナ、39アイダホ、40ワイオミング、41コロラド、42ニューメキシコ、43アリゾナ、44ユタ、45ネヴァダ、46ワシントン、47オレゴン、48カリフォルニア

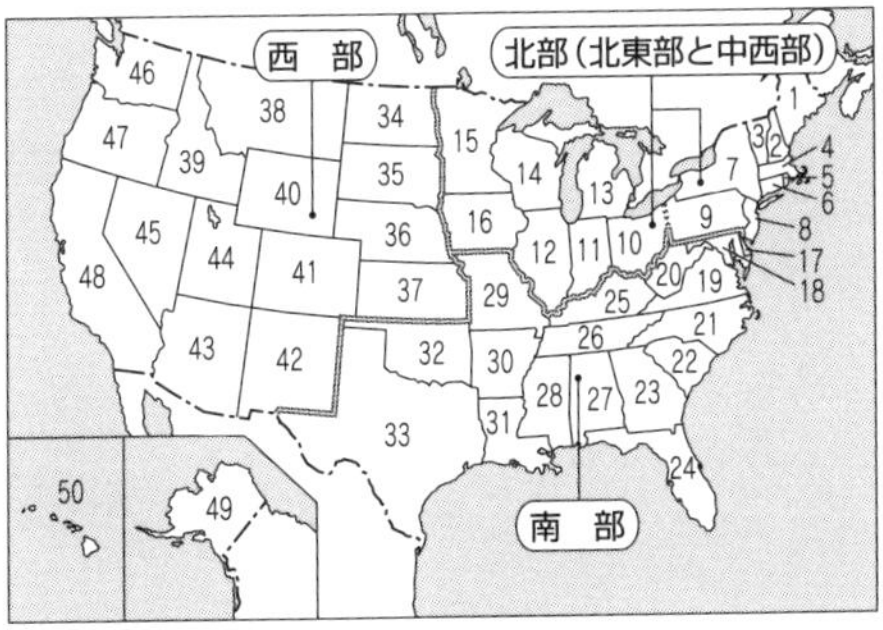

る異人種混血ブームと呼べるような社会的風潮をあげることができるだろう。「カブリネジアン」(Cablinasian)——白人(Caucasian)・黒人(black)・先住民インディアン(Indian)・アジア人(Asian)の混合——であると自己規定したプロ・ゴルファーのタイガー・ウッズのプロフィールは、彼の輝かしい戦績とともにいたるところで話題になった。ウッズが十五歳で全米ジュニアアマチュア選手権に優勝し、同じく混血の系譜をもつ歌手マライア・キャリーがグラミー賞に輝いたのは一九九一年であるが、その二年後の九三年九月に週刊誌『タイム』は、「アメリカの新しい顔——移民が世界で最初の多文化社会をつくる」と題する特別号を刊行した。さまざまな移民の流入でアメリカ社会が活気づき、多様な人びとが融合し合うことで、今までなかったようなアメリカ人が生まれつつあることを謳いあげた。特別号の表紙をかざったのは、健康的で美しい魅力的な女性の肖像であるが、彼女こそ、七つの人種・民族の代表的肖像をコンピュータ上でかけ合わせてつくられた、実在しない異人種間混血者であり、編集者は彼女を生まれつつある新しいアメリカ人にとっての「イヴ」と呼んだ。多様な人種や民族の流入によって生まれる混血が、人種問題など存在しなくな

る二十一世紀のアメリカを読者に予感させた。このあと、アメリカでは自らが混血であることを公にした自伝の類があいついで刊行されて、注目を集めている。雑種混成の「まがいもの」ではなく、異種特性を二つ以上かね備えた「優れ者」を意味する「ハイブリッド」「ハイブリディティ」という言葉が人口に膾炙《かいしゃ》するのもここ一〇年ほどの現象ではないだろうか。

こうした混血礼賛は、アメリカ史上の一つのできごとを思い起こさせる。一八六三年一月に「奴隷解放宣言▲」を発し南部との戦争の勝利に向けて大統領再選をリンカン▲がめざしていた同年のクリスマス前に、ニューヨークで五〇ページほどの小冊子が売られた。『人種混交——諸人種の融合にかんする理論とそのアメリカ白人・黒人への適用』と題されたそのパンフレットは、一見したところ、奴隷解放に取り組むリンカン共和党▲を支持する選挙応援文書のようであった。それはまず、古今東西の事例をあげながら、人類の歴史が人種混交の歴史そのものであり、アメリカ白人も黒人との混交を進めることでその使命をはたさねばならないと説いた。南北戦争は白人と黒人の混交を進める人種融合のための戦争であり、勝利の暁にはさらにアジア人との融合も進めねばならな

▼奴隷解放宣言　一八六三年一月に、前年に発した予備布告をへてリンカン大統領によって出された、南部連合軍の支配下にある奴隷の解放宣言。これによって奴隷の解放が、南北戦争の道徳的目的と定義されることになった。

▼リンカン（一八〇九〜六五）　第一六代大統領（在任一八六一〜六五）。一八〇九年ケンタッキー州生まれ。イリノイ州へ移住し、独学で法律を勉強し弁護士となり、政界に進出した。一八五六年共和党に加わった。

▼共和党　一八五四年、カンザス・ネブラスカ法による西部への奴隷制拡大に反対して前ホイッグ党・自由土地党員らが中心となって結成。中央集権主義と、自由競争による個人主義を基本理念とし、資本主義の興隆を担う中上層階級の利益を代表する傾向があった。

混血礼賛の今昔

●——タイガー・ウッズとその母（一九九七年）

●——雑誌『タイム』一九九三年特別号の表紙

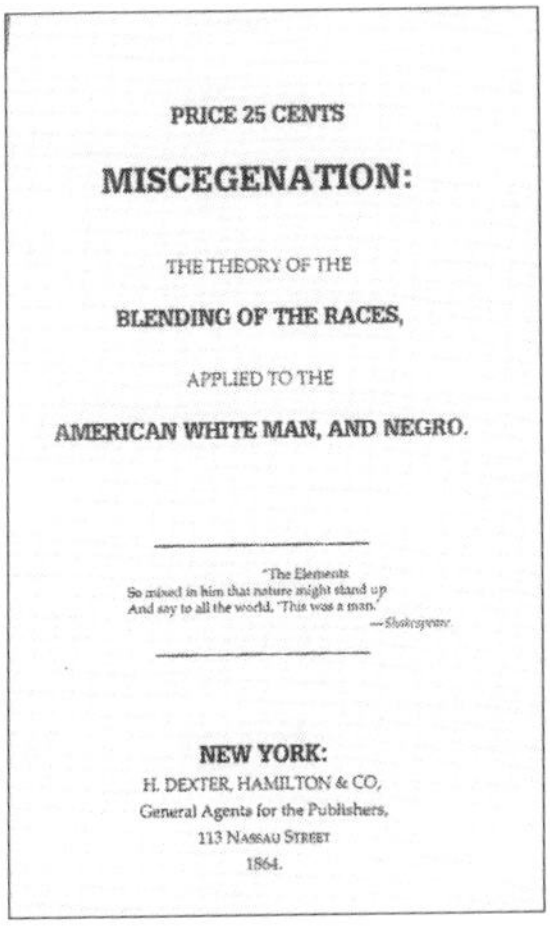

PRICE 25 CENTS

MISCEGENATION:

THE THEORY OF THE

BLENDING OF THE RACES,

APPLIED TO THE

AMERICAN WHITE MAN, AND NEGRO.

"The Elements
So mixed in him that nature might stand up
And say to all the world, 'This was a man.'
—Shakespeare.

NEW YORK:
H. DEXTER, HAMILTON & CO,
General Agents for the Publishers,
113 Nassau Street
1864.

●——リンカン大統領再選時の人種混交賞賛パンフレットの表紙

い。黒人の情熱、アジア人の精神、白人の知性がまざり合うことで理想的な人間が将来生まれる。共和党は奴隷解放だけでなく、人種混交を党是として選挙綱領にもりこもうではないか。このように論じたパンフレットは、全国の著名な奴隷制廃止運動家に、議論への同調を求める手紙をつけて郵送された。

　パンフレットのどこにも著者名は明記されていなかったが、のちに、これを著したのは、奴隷制の廃止に反対する点では全国でも屈指の影響力をもつ民主党▲系の新聞『ニューヨーク・ワールド』の編集者たちであることが判明する。つまり、この印刷物は、異人種間結婚と混血化の促進こそ共和党の最終的な目標であると決めつけることによって、異人種の交わりを忌避するアメリカ人を反共和党陣営に糾合《きゅうごう》しようとする、極めつきのデマ文書であった。このパンフレットは連邦議会でも民主党議員によって取り上げられ、パンフレットの議論に賛同した奴隷制廃止運動家や共和党系の新聞が名指しされるなど、共和党攻撃の材料となった。人種混交を指す単語miscegenation▲が、このパンフレットでつくられた新語であり、これ以後、一般の英単語として定着していったことは、人種混交にかかわるアメリカの歪んだ過去を象徴している。

▼民主党　共和党と並ぶアメリカ二大政党の一つ。トマス・ジェファソンの民主共和党の後身としてアンドリュー・ジャクソンの大統領選（一八二八年）のさいに民主党となる。地方政治家を中心に州権尊重主義・大衆志向主義を反映する傾向があった。

▼miscegenation　ラテン語で混交をあらわすmiscereと、人種を意味するgenusをかけ合わせた言葉。

▼オバマ（バラク・フセイン・オバマ・ジュニア、一九六一年ハワイ生まれ。）両親（白人の母とアフリカ人の父）は周囲の反対を押し切って結婚したが、オバマ出産の二年後に離婚。オバマは高校卒業までをハワイとインドネシアで過ごす。ハーバード大学ロースクール修了後、人権派弁護士としてシカゴで社会活動に従事し、イリノイ州下院議員・連邦下院議員を経て、二〇〇三年より連邦上院議員。社会の融和と公正を信条とし、「変革」を掲げて臨んだ〇八年大統領選挙で、非白人、若年層、低所得者層から圧倒的な支持を集めて当選した。左は、〇八年の人としてオバマを選んだ『タイム』誌の表紙。

このデマ文書と同一視するつもりはないが、近年の混血礼賛をアメリカ史の文脈のなかにおいてみるならば、注意しなければならない点が浮かび上がる。まず第一に、混交を賞賛し、混血がアメリカの未来を豊かにすると主張するさいにも、徹底して異人種間の混交を禁止し、混血の誕生を阻止し、生まれてしまった混血をできるかぎり白人から区別しておこうとした三〇〇年にわたるアメリカの歴史を忘れてはならないことである。本書の主たる目的は、この歴史を概観することにある。第二に、二十世紀末からの突然の混血礼賛によって、それまでのアメリカの歴史に、異人種混交が起こらず、混血者がいっさい存在しなかったかのような誤解を生み出してはならない。混交をタブーとする体制のなかで、異人種のカップルや混血の存在はたしかに把握しにくいけれども、異人種間の愛と性と家族の歴史も忘れられてはならない。さまざまなかたちでタブーに抵抗し、挑戦した男女の存在にも目を向けることが、本書のもう一つのねらいである。

▲オバマの大統領就任（二〇〇九年）は新しい異人種間関係の定着を示したかと思えたが、その後のアメリカ社会の道のりはけっして平坦ではない。

①—建国と人種

奴隷制の成立と異人種婚禁止

イギリスは北アメリカにおいて、一六〇七年に現在のヴァージニア州東岸部にジェームズタウン▲を、また二〇年に現在のマサチューセッツ州東岸部にプリマスを建設して、永続的な植民の基礎を築いた。さらに南北の中間にあったオランダ領を一六六四年に併合し、北アメリカ東海岸一帯に拡大したイギリス領植民地には、多くの移住者が流入することになる。十七世紀をとおして、一六万〜一七万人がヨーロッパから移住したが、その九割以上はイングランドとウェールズ出身のイギリス人であった。彼らの多くは、年季契約奉公人▲として、ヴァージニアなどの南部植民地にわたり、タバコ栽培などの労務についた。

十八世紀にはいると、独立宣言(一七七六年)までに、アイルランドやドイツを含む約三一万人のヨーロッパ人が一三植民地に渡来した。このうちの六分の一は流刑囚▲であり、彼らは南部のプランテーションで一〇年前後の労役に服した。さらに二八万人のアフリカ人が奴隷貿易▲によって輸入された。このような

▼ジェームズタウン　ヴァージニア植民地会社の特許状をもつ植民者によって開かれた英領北米大陸の最初の恒久的居住地。飢餓、疫病、先住民との関係などに苦しみながらも、指導者ジョン・スミスのもとで、ヴァージニア発展の礎を築く。

▼年季契約奉公人　渡航費のかわりに、三〜七年のあいだ労役に服す契約で植民地にわたった。年季中は食糧・衣服・住居が与えられ、年季明けには土地や農具が支給されることもあったが、多くは植民地や本国の下層社会にとどまった。

▼流刑囚　一七一八年の法律で重罪受刑者のアメリカ移送が定められ、以後植民地独立まで五万人以上の囚人が移送され、それはイギリスからの全移住者の四分の一を占めた。

▼奴隷貿易　イギリスは、十六世紀初めにアフリカで黒人の買付けを開始して奴隷貿易に参入し、十七世紀にはいると王立アフリカ会社に奴隷貿易独占権が与えられることもあったが、同世紀末には貿易は自由化された。

人口移動は、アメリカの内部に、イギリス系が中心のニューイングランド、アイルランド系やドイツ系など多様な出自のヨーロッパ人をかかえる中部、タバコ栽培などのプランテーションで使役されるアフリカ系奴隷人口が多い南部という地域的多様性を生み出した。

　アメリカにおける異人種婚禁止の歴史は、この南部のヴァージニアで一六九一年に始まる。しかし、それより早くから、異人種間の性的交渉とその結果としての混血児の誕生を問題視する傾向がみられた。

　ジェームズタウンへの植民が始まってから十数年後に、奴隷としてアフリカ人が売買されるようになるが、早くも一六三〇年に、ヴァージニア植民地政府の会議議事録に、ヒュー・デイヴィスなる白人男性が、「ニグロ▲と寝たことで神を辱《はずかし》め、キリスト教徒の名を汚したために、きたる安息日に、ニグロその他の集まる前で、したたかに鞭《むち》打たれることになる」と記された。その一〇年後には、やはり同植民地の公文書に、ロバート・スイートなる男が「ニグロ女性に子どもを生ませたがゆえに、イギリスの法に従って、教会で懺悔《ざんげ》する」ことを求められた、とある。そのニグロ女性は鞭打ちの刑を受けた。一六四九年に

ポカホンタス（一五九五～一六一七）　ヴァージニア先住民族長の娘で、植民者に誘拐され、一六一四年にイギリス人ジョン・ロルフと結婚して、翌年男児トマスを出産。植民事業の宣伝のため、ロンドンにまねかれ上流社交界で歓待を受けるが、帰国の途についたテムズ川船上で急死。白人とインディアンの交流を促した人物として彼女を祭り上げてはならないが、植民開始当初には異人種混交にたいする否定的な見方がしっかりとは定着していなかったことにも注意しておきたい。

▼ニグロ　サハラ砂漠より南に住むアフリカ黒人種 Negroid を語源とし、アフリカ系黒人を指すが、蔑称としても用いられた歴史から、一

九六〇年代後半以降、アメリカ黒人はblackあるいはAfrican Americanと呼ぶのが一般的になっている。

も、不正にまじわった異人種男女が鞭打ちの制裁を受けている。アフリカ人奴隷の輸入が始まってまもないころに、異人種間の肉体関係が生じ、それを相姦として罰するルールがあったことがわかる。

一六六二年、ヴァージニア植民地議会はつぎのような法律を定めた。「イギリス人男性がニグロ女性に生ませた子どもは、その身分が奴隷であるのか自由であるのかについて疑念が生じているので、本議会は、つぎのように法律を定めて、それを布告する。すなわち、この地で生まれたすべての子どもは、その母親の身分に応じて奴隷か自由かになる。また、いかなるキリスト教徒も、ニグロの男または女と姦通を犯したならば、先の法律〔前年の一六六一年に成立した白人同士の姦通を罰する法律〕が科す罰金の二倍の額を支払う」。

この法によると、父親の身分や人種にかかわらず、奴隷女性が生む子はすべて奴隷となった。生まれた子どもの身分が父親ではなく母親の身分になるとする規定は、伝統的なイギリス法にはないアメリカ植民地独自の定めである。これとともに、同人種間の姦淫と異人種間のそれとを区別して、後者の違反者にたいしてより厳しい罰則を与えるとする規定も、イギリス法にはみられないアメリカのオリジナルな掟である。異人種のアフリカ人を奴隷とする(あるいは、奴隷をニグロという異人種に仕立てあげる)制度の発足にあわせて、異人種混交禁止のベクトルが定まりはじめた。ただし、奴隷は、法が認める結婚の契約を結ぶことは認められず、奴隷の母親から生まれた混血が自由身分の白人父親の財産を相続する権利をもつことはなかったが、法律上は自由身分の者は人種を問わず結婚できたし、実際に自由身分の非白人男性と結婚する白人女性もあらわれた。

タバコ生産のプランテーションが発展したヴァージニアやメリーランドなどのチェサピーク湾地域でアフリカ人奴隷の人口がめだってふえはじめるのは、一六八〇年代以降であった。主要な労働力が、従来のヨーロッパ人年季奉公人からアフリカ人奴隷にきりかわった結果、一七二〇年には、ヴァージニアでは総人口八万八〇〇〇人のうち、黒人が二万七〇〇〇人近くを占めるようになった。また、白人入植者が辺境地の開拓を進める過程で、先住民との抗争が激化し、一六七六年のベイコンの反乱▲で噴出したように、奥地白人農民は先住民の排除をますます求めた。本格的な奴隷制社会の成立と先住民への激しい敵意は、

▼**ベイコンの反乱**(一六七六年)　ヴァージニアで、植民地総督の対インディアン宥和政策などに不満をいだいた奥地の農民らがナサニエル・ベイコンを指導者として反乱を起こした。反乱において白人の下層農民や年季奉公人が黒人奴隷と連帯したことから、プランター層は人種間の分断を強化し、労働力をもっぱら黒人奴隷にシフトする契機となった。

異人種混交を禁止する規範を確立させることになる。

一六九一年にヴァージニア植民地は、「ニグロやムラトー▲やインディアンがイギリス人やその他の白人女性とのあいだで違法な同衾《どうきん》をおこなうことによって、この領地内で今後増加するかもしれないいまわしい混交と邪悪な出生を防ぐ」ことを目的として、「自由か奴隷かを問わずニグロ・ムラトー・インディアンと結婚するイギリス人やその他の白人はすべて、婚姻の三カ月以内に罰せられ、この領地から永遠に退去させられる」と定めた。処罰される——本法では、植民地から追放される——のは白人だけとする規定は、後述するように南北戦争後に改められるが、異人種婚を禁止する掟は、ヴァージニアでは以後約三〇〇年間維持されることになる。

一六九一年の法はまた、混血児を出産した白人女性は、一五ポンドの罰金を支払うか五年間の年季奉公を務めねばならないと定めた。さらに、自由身分の女性が生んだ混血児は、教会委員に引き取られ、三十歳になるまで奉公に出された。混血児を生む白人女性を罰し、生まれる混血児を、当時の平均寿命を考えると終身といってよいほどの長い期間、強制的に不自由労働に従事させるこ

▼ムラトー　mulatto は、厳密には、アフリカ人の血を四分の一もつ quadroon や、八分の一の octoroon と区別されて、白人と黒人の血が二分の一ずつの混血を指すが、一般にヨーロッパ人と黒人との混血者の総称として用いられる。

とが定められたのである。

一六六二年と九一年の二つの法律によって、結婚を禁止するとともに、異人種間の不正な男女の交わりを厳しく罰する異人種混交の禁止の法制ができあがったが、注意しなければならない点がある。それは、奴隷女性が関与する性交渉や混血出産については、まったく刑罰の対象とならないことである。異人種間の混交であっても、白人男性が奴隷女性と関係をもつことは、ただ罰せられないだけではない。その関係から生じた混血児が自動的に奴隷という資産になるので、むしろ奴隷女性と肉体関係をもつことは、奴隷を所有する白人男性にとって経済的恩恵をもたらすことになった。他方で、非白人男性とまじわる白人女性は罰金か強制奉公従事を科せられ、公の辱《はずかし》めを受けねばならなかった。女性にのみ、白人種の純血を継承する使命が課せられたといえる。ヴァージニアで開始され、その後アメリカに広くゆきわたった異人種混交禁止のルールが、人種間の壁を設けるとともに、白人内の男女間の不公正をも生み出したことは、見のがされてはならないだろう。一六九二年には、メリーランド植民地▲も同種の禁止法を定めた。

▼メリーランド植民地　一六六四年の法律で、黒人奴隷男性と結婚する白人女性、およびその子は、奴隷身分となることを定めていた。

トマス・ジェファソン(一七四三〜一八二六)　第三代大統領(在任一八〇一〜〇九)となるジェファソンは、多数の奴隷をかかえるヴァージニアのプランターであった。一九九八年におこなわれたDNA鑑定が、奴隷女性サリー・ヘミングスの子どもの一人の父親がジェファソンである確率が高いと結論づけて以来、ヘミングスの子どもの父親がジェファソンであるかどうかをめぐってさまざまな見解があらわれている。

ヴァージニアにおける立法の完成

ヴァージニアでは十八世紀にはいり、法律の整備が進んだ。一七〇五年の法律は、ニグロ・ムラトー・インディアンを官職保有不能と規定して社会的差別化をはかったが、そのさいにムラトーの定義にかんする「あらゆる種類の疑念をはらすために」ムラトーとは「ニグロの子ども、孫、ひ孫」と定めた。いわゆる「黒人の血八分の一以上」ならば——つまり、曾祖父母の代に一人でも純血のアフリカ人がいれば、あとの曾祖父母七人がすべて白人であっても——ムラトーと規定して白人から区別して、ニグロの側に分類した。さらに、一七〇五年法は、「いまわしい混交と邪悪な出生をさらに防ぐために」自由・奴隷の身分にかかわらず、ニグロないしムラトーと結婚した白人には、従来の植民地追放ではなく、懲役六カ月と罰金を科すと定めた。加えて、白人と非白人との結婚を司式した聖職者にはタバコ一万ポンドの罰金を科し、異人種婚の非合法化をよりいっそう明確にした。

ヴァージニアの人種と奴隷制にかんする法体系を完成させたとされる一七二三年の法律では、母親が異人種姦淫を犯した結果生まれた混血女子が、三十歳までの強制奉公期間中に子どもを出産した場合は、その子どもも、混血の母親同様に三〇年程度の強制奉公を科せられることを定めた。言い換えると、白人女性から生まれた混血女性は、三十歳になって強制奉公の年季が明けるまでは、生まれながらにして自由身分の子どもを生めなかった。こうして、混血者に科せられた罰が世代をこえて継承される制度が編み出された。一七二三年法はさらに、奴隷所有者がニグロ・ムラトー・インディアンの奴隷を解放することを禁じ、またニグロ・ムラトー・インディアンは自由身分であっても、選挙での投票が禁じられた。

　一七六三年に終結した七年戦争後、植民地にたいする課税や規制を強化しようとしたイギリス本国にたいして北米一三植民地では抵抗運動が強まり、七五年についに独立戦争の火蓋が切って落とされた。翌年アメリカは独立宣言▲を発するが、そのなかで人間の自由・平等、圧政にたいする反抗の正当性を主張した。また、各州が人民の基本的人権を保障すべく定めた「権利章典」は、独立戦争後に制定された合衆国憲法の修正条項▲へと継承された。自由の擁護を掲げた独立・建国の原理が、奴隷制度と矛盾するものであることは多くの白人に

▼独立宣言（一七七六年）　トマス・ジェファソンが中心となって起草し、七月四日に大陸会議で採択された。人間は創造主（神）によって基本的権利を等しく与えられていて、政府が人民を抑圧する場合には人民は革命によって新たな政府を樹立する権利をもつことを述べた。

▼合衆国憲法修正条項　合衆国憲法は一七八七年に制定され翌八八年に発効したが、九一年には政教分離の原則や思想・表現の自由を定めた第一条や、銃器所持の保障を定めた第二条をはじめとする修正一〇条項が加えられた。

▼**奴隷制廃止運動**　奴隷制廃止は、植民地時代にクエーカー教徒など少数が唱えたが、建国期になって運動が広がり、北部諸州では奴隷制は十九世紀初めまでにほぼ廃止され、西部もそれに続いた。他方で、自由黒人をアフリカに移送する植民運動も進められた。

▼**ジョージ・ワシントン**（一七三二〜九九）　ヴァージニアの大農園主であり同植民地代表として大陸会議に出席、アメリカ軍総司令官に任命され、独立戦争を勝利に導く。憲法制定会議で議長を務め、一七八九年初代大統領に選出された（九七年まで在任）。

意識された。憲法は、二〇年の猶予期間後の一八〇七年に全国的な奴隷輸入禁止を定めた。奴隷の数が少なく奴隷制度の社会経済的重要性があまり大きくなかった北部・中部諸州では、奴隷制廃止運動▲が起こり、奴隷制廃止論が強まった。

このような時期に、ヴァージニアの異人種婚禁止法制に若干の変更がみられる。一七六五年の法は、白人女性と非白人男性とのあいだに婚外で生まれた混血児の強制奉公期間を、「あまりにも厳しすぎる」従来の約三〇年から、女児一八年、男児二一年へと引き下げた。一七八二年には、ヴァージニア州は一定の条件のもとで、奴隷所有者が奴隷を解放する権限を認めた。ジョージ・ワシントン▲が、所有していた奴隷全員を解放したのは、この法律のもとであった。一七八七年には、ムラトーの定義を、従来の「ニグロの血八分の一以上」から「四分の一以上」に改めた。しかし、南部諸州において奴隷制度の廃止や異人種婚の容認に向かう措置がとられなかったことは、いうまでもない。

異人種間の性交渉と結婚を非合法化して制御する法制度が成立する要因として、いくつかあげることができる。第一に、白人の男女間の人口比が偏《かたよ》っていたことがある。白人の男女比は一六五〇年で四対一であり、いくらか改善された一七〇〇年でも三対二であった。配偶者となるべき女性を白人男性のために確保しようとしたことに意味がないわけではなかった。ただし、この点については、南北戦争直後に白人男性人口が著しく少なくなったときにも、異人種婚禁止を求める動きが白人のなかで強まった事実があることも、付記しておかねばならない。第二に、白人男性は当時の家父長的な女性観にもとづいて、白人女性が悪の誘惑に負けやすいがゆえに、彼女らの性を制御しなければならないと考えていた。か弱い白人女性を、獰猛《どうもう》な肉欲を備えた黒人男性から保護するとする主張は、比較的早くから植民地でみられた。第三に、とくに、多数の白人年季奉公人と黒人奴隷からなる労働者の大群をかかえる南部プランテーション地域では、境遇が類似した白人奉公人と黒人奴隷の接近は潜在的な脅威であった。同じような階層におかれた労働者のなかに、越えてはならない人種の境界線を設けておくことは、白人プランターにとって、そうした脅威の源が増幅するのを少しでも弱めておく効果を期待できたであろう。第四に、自由身分の白人と奴隷黒人とのあいだに生まれた混血を、その母親が奴隷であれば終身

18世紀の総人口と黒人の割合

	1700年		1800年	
	総人口(千人)	黒人の割合(%)	総人口(千人)	黒人の割合(%)
北　部(北東部)	144	4	1391	6
南　部	107	21	1389	37
合計	251	11	2780	21

の奴隷にし、母親が自由身分であれば三〇年程度の強制奉公を科すことは、奴隷制度の労働力供給が混血によって危険にさらされることがないようにするだけでなく、混血の出生が労働力の拡大にもつながる手段となるように工夫されたのである。

北部と西部における混交禁止の広がり

ヴァージニアとメリーランドで始まった異人種混交を禁止する法制化の波は、その後、奴隷制プランテーションを植民地発展の中心にすえた南部諸州に広がっただけでなく、北部にも影響を与えた。早くも一七〇五年に、ニューイングランドのマサチューセッツ植民地が異人種間の結婚と性交渉を非合法化する法律を制定し、以後、ノースカロライナ(一五年)、サウスカロライナ(一七年)、ペンシルヴァニア(二五〜二六年)、デラウェア(二六年)、ジョージア(五〇年)と法制化は続いた。

マサチューセッツは、独立後の一七八六年に「不正な混血の出生をできるかぎり防止するために」禁止法を再制定し、十九世紀にはいると、マサチューセッツから分離したメイン州が一八二一年に、同種の法律を定めた。ニューイングランドでは、すでに一七九八年にロードアイランド州も禁止の法制化をはかっていた。マサチューセッツ、メイン、ロードアイランドの三州の法律では、違反者にたいする罰金や懲役などの刑罰を定めてはいなかったが、異人種婚を無効とする規定は一様に厳守された。マサチューセッツとロードアイランドでは、異人種間の結婚を司式した聖職者にたいする刑罰も設けられた。

図(二三頁上)が示すように、一八〇〇年の時点では、全米一六州中、一〇州が禁止法を制定していた。

建国後、西部への開拓▲が進み、入植者人口の増加に応じて順次、各領地が新たに州として連邦に加入した。これらの西部の諸州でも、異人種混交を禁止する法制が整えられた。一八一六年に州として連邦に加入した中西部のインディアナは、法の制定と廃止や量刑の変更を繰り返したが、四二年に一〇〇〇ドル以上五〇〇〇ドル以下の罰金および一年以上一〇年以下の懲役を違反者に科す異人種婚禁止法を制定した。一八五〇年に連邦に加入した太平洋岸のカリフォルニアは、同年の州議会で罰金一〇〇ドル以上一万ドル以下と懲役三カ月以上

▼西部への開拓　開拓の最前線であるフロンティア(辺境)は、西漸運動(人口の西への移動)にともなって西進した。それは、植民地時代はアパラチア山脈、十八世紀末はオハイオ川、一八三〇年代にはミシシッピ川をこえ、四八年のゴールドラッシュで西海岸に達した。

一〇年以下の量刑を定めた州法を制定した。

こうして、奴隷制度を保持した南部はもとより、奴隷制度を禁止し、黒人人口が少ない北部や西部の諸州でも、異人種混交禁止法が成立した。南北戦争勃発までに、制定された禁止法を廃止したのは、ペンシルヴァニア（一七八〇年廃止）、マサチューセッツ（一八四三年）、アイオワ（五一年）の三州にすぎなかった。植民地時代以降一度も禁止法を制定したことがなかったのは八州——ニューハンプシャー、ヴァーモント、コネティカット、ニューヨーク（ただしオランダ領植民地の時代に禁止法制定）、ニュージャージー、ウィスコンシン、ミネソタ、カンザス——のみであり、結果として図（次頁下）が示すように、南北戦争終結時で全米三六州中、二五州が異人種婚禁止州法を定めていた。多くの州では、自由黒人にたいして参政権が付与されず、投票は白人のみに認められる特権であったが、白人と結婚することができる権利も非白人には許されない、白人だけの特権とされた。

禁止法を制定しない州が異人種婚を是認していたというわけではない。例えば、一七八〇年に禁止法を廃止したペンシルヴァニア州では一八四一年に新た

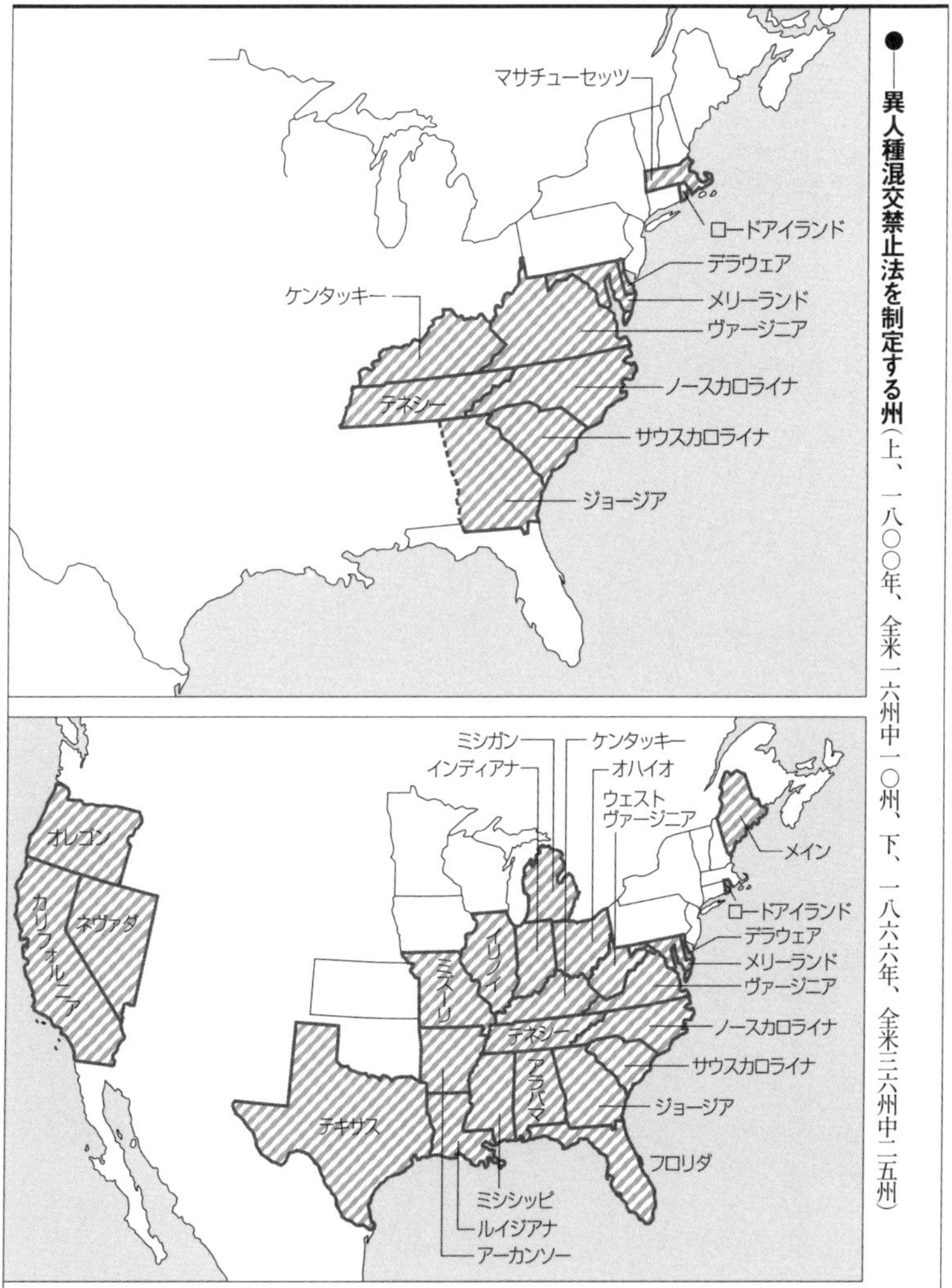

●—**異人種混交禁止法を制定する州**（上、一八〇〇年、全米一六州中一〇州、下、一八六六年、全米三六州中二五州）

チェロキー族の強制退去　一八三〇年のインディアン強制移住法にもとづき、三八年、ジョージア州近辺に居住していた約一万五〇〇〇人のチェロキー族が、ミシシッピ川より西に退去させられた。道中で四〇〇〇人が亡くなったこの移動は、「涙の旅路」と呼ばれた。

な禁止法案が州議会に提案された。これは可決成立にはいたらなかったが、各地で民主党の勢力を中心にして禁止体制の確立を求める動きは持続的で広範であり、異人種間の男女関係を容認しない公的な規範は全国にゆきわたった。

白人と非白人の結婚を禁止する法律の存在は、非白人間での結婚に独特の意味と重要性を与える場合もあった。例えば北部では、黒人女性人口が少なく、また先住民男性人口も減少したので、黒人男性と先住民女性とのカップルが頻繁に生まれたが、白人異性と結婚できない両集団にとって、これは生き残るための重要な戦略であった。

例えば、マサチューセッツの小村ハッサナミスコ（現在のグラフトン）に居住していたニプマック族のマカマグ家の女系は、十八世紀の半ばから後半にかけて、少なくとも三代にわたって黒人や混血の男性を夫としてむかえいれた。夫としてむかえいれられた黒人男性にとっては、白人中心社会のなかではたとえ自由身分をえたとしても、さまざまな人種的制限にさらされることになるが、先住民女性と結婚することで先住民共同体への参加が可能となり、もうけた子どもをつうじて先住民保有地への権利も生じた。一方、先住民女性にとっては、人口減少のために共同体が消滅の危機に直面していたので、黒人男性との混交によって子孫を維持することで共同体内の先祖伝来の土地を守ることができた。白人社会との接点をもとうとすることの少ない先住民男性とは異なり、黒人男性は仕事や生活の面で白人と一定の関係を積んできた。先住民女性にとって、そうした黒人男性と世帯をもつことは、先住民共同体社会を取り巻く白人の圧力に少しでも対抗して共同体を守る手段になりえた。

しかし、つけ加えねばならないことは、先住民と黒人との混交と混血化が進めば進むほど、白人社会はそれを「純粋な先住民の消滅」ととらえて、先住民からの土地の奪取を正当化する有力な口実にしたことである。

南北戦争後の変動

一八六一年に南北戦争が始まり、北部連邦軍が南部への侵攻を開始するとすぐに、奴隷制度の廃止の問題をはじめ、連邦からの分離を主張した南部諸州をいかに「再建▲」するかが課題となった。一八六五年リンカン暗殺ののち、副大統領から大統領に昇格したアンドルー・ジョンソン▲（テネシー州出身）は、南部

▼再建　南北戦争中から戦後にかけて、南部一一州を連邦に復帰させるためにとられた合衆国政府の政策。復帰の条件をめぐって行政府と議会は対立したが、共和党急進派主導のもと一八六七年再建諸法が制定され、南部は七七年の連邦軍撤退まで北部の軍政下におかれた。

▼アンドルー・ジョンソン（一八〇八〜七五）　第十七代大統領（在任一八六五〜六九）。ノースカロライナ州生まれ。一八六四年にリンカンの副大統領となるが、リンカン暗殺後、大統領に昇格。閣僚の罷免をめぐって大統領として最初の弾劾裁判にかけられたが、かろうじて弾劾をまぬがれた。

黒人兵によって編成されたマサチューセッツ第五四連隊を記念するレリーフ　同州ボストンの市中心部の公園にある。白人士官と黒人兵の物語は、映画『グローリー』(一九八九年制作)で描かれた。

▼黒人取締法　南北戦争直後の一八六五〜六六年に南部諸州で制定され、解放された黒人を社会的に統制し、白人への従属的地位にとどめておくことを目的とした。法的には、一八六六年の市民権法などにより廃止されるが、再建終了後にはジム・クロウ(六二頁参照)と呼ばれる人種差別隔離諸法のなかで再制定された。

の支配階層として旧来の白人を復帰させることを中心にすえた再建政策を出した。このジョンソンの宥和的政策のもとで、南部各州で戦前の南部支配勢力が権力に居座り、いくつかの州では新たな州憲法の制定にあたっても、連邦にたいして敵対的な態度をとった。彼らによって支配された南部諸州の州議会が最初におこなったことは、奴隷解放後も黒人を奴隷に近い身分に縛りつけておくことをねらった黒人取締法(ブラック・コード)▲の制定であった。これらの法は、戦前には認められていなかった黒人の財産権・結婚権・契約権・訴訟権などを認めつつも、黒人に雇用証明書の携帯を義務づけ、離職者や「浮浪者」の逮捕・強制労働などを定めた。このような動きの一環として、奴隷制度から解放された黒人の存在を強く意識した異人種混交禁止法が、南部各州でいっせいに更新されることになった。すでに戦前から異人種婚禁止法を制定していた諸州は、戦後の州憲法制定会議で、禁止規定を州憲法にもりこんだり、州法典のなかに加えた。

　戦前には明確な異人種婚禁止法をもたなかったサウスカロライナやミシシッピでは、一八六五年にはじめて異人種間の結婚を非合法化する州法を制定した。

この時期には、図(二三頁下)で示したように、南北戦争で連邦を離脱した南部一一州に加えて、戦前に奴隷制度を認める州でありながら連邦を離脱しなかったメリーランドやケンタッキーなどの「境界」五州、前述した五大湖周辺とニューイングランドの六州、およびカリフォルニアなど西部の三州など、全米三六州中の二五州が異人種婚禁止法を施行していた。

一方、連邦議会で主導権を握った共和党は、ジョンソン大統領の宥和的政策にたいして、党内急進派が策定した再建策を打ち出した。一八六六年には共和党が提出した市民権法▲案が、ジョンソン大統領の拒否権行使を乗りこえて成立した。同法は、契約権・財産権、法のもとでの平等などの基本的権利は、人種や皮膚の色などに関係なく、すべての合衆国市民に連邦政府が保障するもので、州などによってその権利が奪われてはならないと定めた。ただし、黒人への選挙権付与については、ふれられなかった。議会はさらに、市民権法の永続的な存続を目的として、その原理を憲法に成文化することとし、憲法修正第一四条▲を成立させた。これは、先の市民権法の内容を再確認し、いかなる州も合衆国市民に保障された権利をそこなう法律を制定・施行することができないこと、

▼**市民権法**(一八六六年)　合衆国市民権という概念をはじめて規定し、合衆国市民の基本的権利が州の権限をこえてすべての合衆国住民に等しく適用されるものとした。州法から独立した国民的権利を法的に承認したといえる。

▼**憲法修正第一四条**(一八六八年)　本文中で述べた内容のほかに、黒人(男子)に投票権を認めない州はその分だけ連邦下院議員数を削減すること、旧南部連合指導者を公職から追放することなどを定めた。

▼**連邦支持の南部白人**　南部民主党からは「スキャラワグ」(ならず者、火事場泥棒)と呼ばれて、蔑まれた。

▼**北部出身の白人**　「カーペット・バガーズ」(渡り政治屋)と呼ばれた。スキャラワグとともに、自己の利権のため政治を利用することもあったが、南部の社会的・経済的変革に寄与しようとする意欲も少なくなかった。

またいかなる州も、正当な法の手続きによらないで、何人からも生命・自由あるいは財産を奪ってはならず、また何人にたいしても法律の平等なる保護を拒むことはできない、と定めた。

この間、ジョンソンの非妥協的態度と南部諸州の反動的傾向が、議会での共和党急進派をますます優位に立たせた。その結果、連邦議会は大統領の再建政策を破棄し、共和党急進派主導の強硬な再建を新規に開始することとなった。一八六七年三月、連邦議会は南部諸州が黒人に選挙権を与えることを定めた州憲法を制定すること、および修正第一四条を批准することを条件に、連邦への復帰を認めるとする再建法を可決した。この再建法の規定に従い、南部諸州は連邦軍監視のもとに新しい州憲法を定めて、一八七〇年なかごろまでに旧南部連合を構成した一一州すべてが連邦に復帰することになる。

一八六七年春以降、急進的体制下の南部で、黒人も参加した選挙をつうじて再建州政府が樹立された。これらすべての州政府で共和党が政権を握ったが、それを支えたのは、黒人、連邦支持の南部白人▲、北部出身の白人▲たちの連合勢力であり、そこには人種を問わず貧しい農民や労働者も多数含まれた。この州

●—**異人種の男女が乱れ合う姿をおぞましく描いた風刺画**
リンカンが再選をめざした一八六三年大統領選挙のころに、奴隷解放を掲げる共和党を攻撃する目的で描かれた。

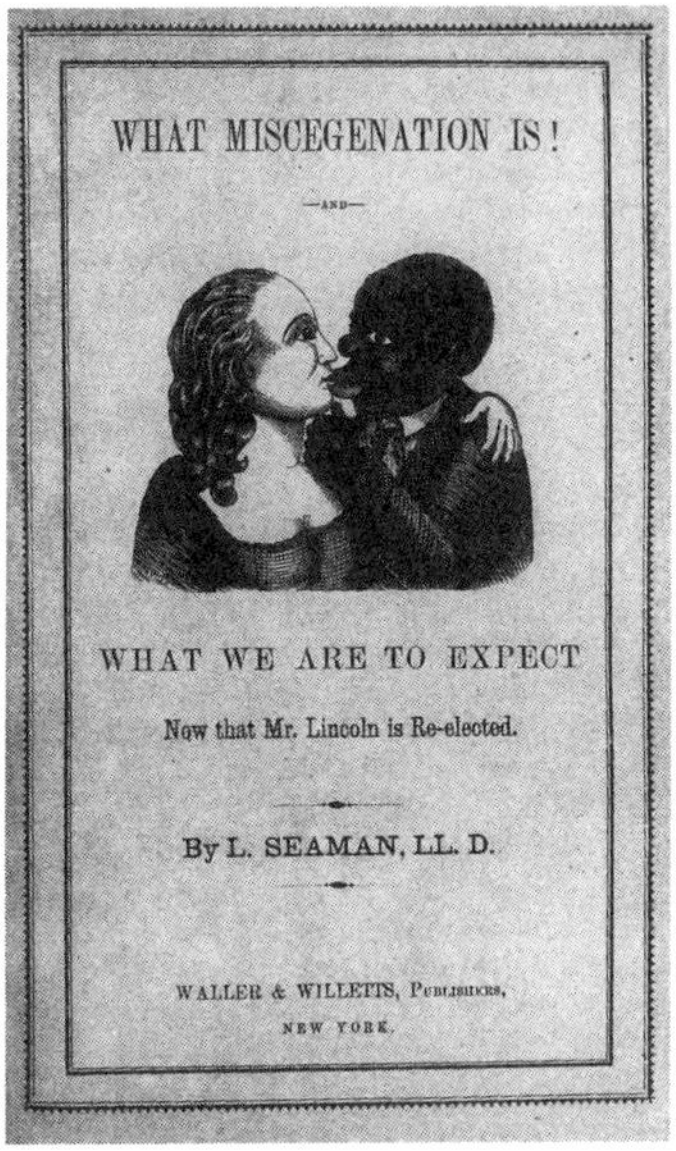

●—**一八六四年ニューヨークで刊行されたパンフレットの表紙**
リンカン共和党の「異人種混交推進政策」を攻撃した。

政権のもとで革命的な再建政策が実行に移された。地主やプランターに重い税金を課す一方で、小作農民や農業労働者のための無償の公教育制度を創設したり、黒人取締法の停止や廃止を実行した。ただし、土地の再配分はおこなわれず、解放黒人は土地をもたない無産労働者にとどまった。それでも自由を希求する黒人は、圧倒的な割合で投票権を行使し、共和党を支えた。黒人のなかには、州議会議員に選出される者や、行政職につく者もあらわれた。

こうした再建の初期の動きは、南部の異人種間混交禁止体制にどのような影響を与えたのだろうか。一八六六年の市民権法が連邦議会で提案されたとき、議員の一部からはこの連邦法によって各州の結婚禁止法が無効になるのではないかと強く警戒する声も聞かれた。ジョンソン大統領も、異人種混交禁止法に焦点をあてて、州の司法管轄権の侵害を恐れていた。市民権法の成立によって「連邦議会が不動産・訴訟・その他一般の契約について両人種間の差別にかんする州の法律すべてを破棄することができるようになるなら、連邦議会は両人種間の結婚の契約にかんする州の法律をも廃棄できるのではないか」。大統領はこう述べて、法案の承認に拒否権を行使した。

しかし、法案を作成した共和党議員の多くでさえ、平等な市民権を保証するとする原則が、異人種間結婚を禁止する州法の廃棄にはつながらないと考えていた。異人種間の結婚を禁止する法律は、両人種に平等に適用される――つまり、異人種を結婚相手とすることができないのは、白人も黒人も同様であり、また白人も黒人も、法律に違反した場合には同じ量の刑罰を受ける――と考えたからである。市民権法によって、連邦政府が異人種婚の権利を保障することにはならないとほとんどの議員は理解していた。もしこの法案が州の禁止法を覆す可能性を少しでももつと想定されていたならば、大統領の拒否権を乗りこえて成立させるほどの賛成票が投ぜられることはなかっただろう。同様に、市民権法の理念を憲法に成文化した修正第一四条についても、異人種婚禁止州法を廃棄する意図は連邦議会にはなかった。修正条項が定めるのは、契約・財産所有・訴訟などの市民的権利の保障であり、それ以上の社会的・政治的権利の保障までも約束するものではないと考える議員が多かった。

しかし、こうした連邦議会の想定をこえて、市民権法と憲法修正第一四条は、たとえ一時的であったにせよ、異人種婚禁止体制への根本的な挑戦をはぐくむ法的空間を南部につくりあげることになった。共和党が有利な勢力を確保した再建期には、三つの州(ミシシッピ、サウスカロライナ、ルイジアナ)が一八六八年から七〇年にかけて州憲法制定会議や州議会で異人種婚禁止法を廃止した。フロリダ州は、異人種婚禁止規定が「州議会と連邦議会の立法に違反すると考える人びとの意見を尊重して」、一八七二年の州法典からそれを削除した。アーカンソー州も一八七四年の州法令集から禁止規定をはずした。

一方、異人種婚禁止法の合法性をめぐる裁判においても、興味深い判決が共和党再建期にあらわれた。アラバマの事例をたどってみよう。

禁止体制の動揺

アラバマ州では、南北戦争終了直後、一八六五から六七年にかけて成立したさまざまな州の法律によって、黒人の移動や就労を厳しく制限する黒人取締規定が確立した。州刑法のなかの「公共の道徳と秩序にたいする罪」と題された項目中で、白人がニグロの血を八分の一以上もつ黒人・混血と結婚・姦通・同棲した場合、当事者双方に二年以上七年以下の重罪懲役刑に処すことが定められた。また、結婚許可証を発行した政府役人や、同法違反を知りながら結婚式を執りおこなう聖職者は、一〇〇ドル以上一〇〇〇ドル以下の罰金、かつ六カ月以上の懲役か禁固の刑に服するとされた。

黒人取締法のほとんどは、修正第一四条の批准と共和党再建政府の州権力掌握(一八六八年)で廃止されるか、効力を失ったが、他の南部のすべての州と同様に、異人種婚禁止規定は、生き残っていた。しかし、アラバマでも共和党が再建州政府の実権をかためていくにつれて、状況は変化する。共和党が一八六七年の州憲法制定会議を支配し、翌年、新しい州憲法のもとでおこなわれた選挙で共和党は州議会議員の多数派を占めるとともに、共和党の知事も誕生した。こうした政治変化は、裁判所にも反映し、一八六八年州憲法のもとで選ばれた州最高裁判事(六年任期)三人は全員白人ではあるが、共和党支持であった。

もちろん、すべての白人共和党員が人種平等を支持したわけではなく、黒人への投票権付与や人種共学に断固として反対する者もそのなかには少なくなかった。しかし、つぎに述べるバーンズ事件を裁いた州最高裁判事のように、市民権法と修正第一四条を武器にして異人種婚禁止体制に挑戦し、市民権だけでなくより広い社会的な権利についても人種平等でなければならないと考える人びとも、この時期には活躍できる余地があった。

モービル市で白人と黒人の結婚に立ち会ったことから、異人種婚禁止法に違反したとして、治安判事バーンズは地方裁判所で罰金刑をいいわたされた。バーンズは州最高裁に控訴し、注目すべき逆転判決をかちとる。州最高裁主席判事R・B・テイニーは、州の異人種婚禁止法が連邦市民権法、合衆国憲法修正第一四条、およびアラバマ州憲法——州内のすべての市民が平等に市民的・政治的権利を有すると定めていた——に違反していると断定した。判決によると、結婚は契約であり、白人が結べる契約は、黒人にも等しく結べる権利が保障されている。連邦市民権法は、例えば黒人が白人相手の訴訟を起こす権利を保障しているのであるから、同じように相手の人種によって結婚の契約を結ぶ権利が制限されることがあってはならない。バーンズを有罪とする州法が違憲であるなら、その州法は無効であるとして、バーンズは無罪をいいわたされた。

「法のもとの平等」

バーンズ判決と同様に、共和党再建政権のもとで、市民権法と修正第一四条に照らして、異人種婚禁止を定めた州法の効力を否定するか、あるいは制限する事例が、同時期の他州でもみられた。南北戦争まで禁止法をもたなかったミシシッピ州は、敗戦直後の一八六五年に黒人取締法制定の一環として、違反者に終身懲役刑を科す異人種婚禁止法を定めた。しかし、共和党が州政権の支配を獲得すると、一八六八年の新州憲法で黒人の市民的権利の保障が約束され、かつ七〇年には異人種婚禁止法が廃止された。

白人プランターL・P・ディッカーソンは、戦前の一八五五年から自らが所有する奴隷女性のアンと関係をもち、ほぼ公然と同居して彼女とのあいだに二人の子どもをもうけ、この関係は戦後も続いた。一八七一年に、多大な不動産と私財を残してディッカーソンは他界した。ディッカーソンには白人の姪がいたが、この姪は、正式な結婚もせずに嫡出子を残さなかったディッカーソンの遺産の相続を求めて訴訟を起こし、地方裁判所で勝訴してプランテーション一切の相続権を認められた。アンの二人の子どもはこれを黙認せず、つぎのように主張して州最高裁に訴えを起こした。一八六八年の州憲法は、かつて奴隷であるがゆえに法的な結婚を認められず、子どもも合法な嫡出子とならなかった元奴隷の男女にたいして、解放後も引き続き夫婦として同居している場合は法的に有効な結婚がなされていたとみなし、またその子どもたちも正規の嫡出子と認めると定めている。法のもとでは黒人も白人もないのであるから、この州憲法の規定は、元奴隷の黒人男女だけに該当するのではなく、奴隷制のもとで結婚が認められていなかったすべての男女に適用されるものである。であるとすれば、ディッカーソンとアンは正式な夫婦であったし、アンの子どもたちは父親の遺産相続権を有するはずである。ミシシッピ州最高裁は、この主張を認め、ディッカーソンとアンの関係を正式な夫婦であったと認知し、したがってディッカーソンの嫡出子であると認められるアンの子どもたちに遺産相続の権利を与える判決をくだした。再建期の新しい法律にもとづいて、奴隷制時代にまで遡って、異人種婚が公的に認知されたのである。

同様に、テキサスでも、再建期の法律にもとづいて、南北戦争以前の奴隷制時代の白人と黒人奴隷との「婚姻」を追認して、混血児の財産相続を認める判決が、この時期にあらわれた。さらに、「異人種婚を禁止する法律が憲法修正第一四条によって廃棄された」と断定した判決まであらわれた(一八七一〜七二年のフォスター事件判決)。

アラバマ、ミシシッピ、テキサスの三州で、共和党再建期にくだされたこれらの判決は、すべての市民に基本的権利を平等に保障し、法のもとでの平等を保障した市民権法と憲法修正第一四条、および奴隷制下で存在した事実上の夫婦関係を遡って正規の婚姻と認定する州憲法の規定が、異人種婚禁止法を実質的に無効とするような新しい法の世界をつくりだしたことを示しているといえるだろう。

②―南北戦争の遺産

再建から「救済」へ

共和党急進派が主導する再建は、しかし、極めて短い期間で崩壊の道をたどることとなった。土地を与えられなかった解放黒人は、白人プランターと結んだ不利な小作契約▲と、収穫を担保にした掛売り制度によって、たちまち借金の罠にとらえられ、零細小作の境遇からの脱出は不可能になった。南部の再建反対派はテロ組織クー・クラックス・クラン（KKK）▲を使って、黒人や白人共和党支持者を標的にした猛烈な選挙妨害をおこない、白人民主党が暴力的に再建州政府を破壊した。その結果、一八七四年の中間選挙では民主党が圧勝し、旧南部連合の指導者たちが大赦令で公職に復帰した。こうして南部民主党白人による州政権の奪還――彼らはそれを「救済」(redeem)と称した――が進行し、それは一八六九年のテネシーに始まり、七七年のフロリダとルイジアナで完結することになる。かつての黒人取締法を思わせる労働力管理の法律が復活し、黒人や下層住民向けの公教育が縮小され、小作人や農業労働者に不利な契約制

ミシシッピ州で投票場にきた黒人を脅す白人

▼小作契約　地主が土地、住居、農具を貸与し、小作人が耕作をおこない、収穫物を両者で分け合うシェアクロッピング制度ができた。実際の収益分配は、地主にとって極めて有利で、小作人は収穫前の作物を抵当にして借金をする仕組み（クロップ・リーエン制）から逃れられなかった。

度も確立した。

　このような再建の破壊のもとで、異人種婚禁止体制は再興するだけでなく、いっそう拡充・発展することとなった。もともと南部のうち、九州(ヴァージニア、ノースカロライナ、テネシー、ジョージア、デラウェア、メリーランド、ウェストヴァージニア、ケンタッキー、ミズーリ)は、共和党主導の再建期においても異人種婚禁止制度をひとときも放棄しなかった。さらに、前章で取り上げた禁止体制を停止した南部諸州でも、民主党が権力に返り咲いた時期に、いっせいに異人種混交禁止の復活に努めるようになった。共和党再建期に禁止法を廃止したミシシッピとサウスカロライナの両州は一八七九年に禁止法を再制定した。同じく、いったんは禁止法を州法典から削除したフロリダ州とアーカンソー州も、それぞれ一八八一年と八四年に禁止規定を復活させた。最後に一八九四年にルイジアナ州が禁止法を制定し、さらに一九〇七年に州に昇格したオクラホマ▲が州法のなかに異人種婚禁止規定をもりこんだことで、南部全一七州が異人種婚禁止法制を完備することとなる。

　禁止法を廃止しなかったけれども、州最高裁の判決で異人種婚禁止法を無効

▼**クー・クラックス・クラン**　一八六六年にテネシー州で結成された秘密結社。奴隷制から解放された黒人を威嚇し、政治的進出を妨害して、白人の優越を誇示することを目的とした。一八七〇年代に衰退するが、第一次世界大戦後に復活し、白人プロテスタントの優越性を唱えた。

▼**オクラホマ**　一八〇三年のルイジアナ購入によってアメリカ領となり、三四年にインディアン・テリトリーとして、チェロキーなど強制移住させられた東部インディアンへの代替地とされた。一八七〇年代に鉄道が横断して白人移住者が押し寄せ、インディアン地方から分離して準州となっていた。

と判断した州でも、反動が生じていた。ここでもアラバマ州を例にとって、この過程をたどることにしよう。

一八七二年に州最高裁のバーンズ判決で異人種婚禁止州法を合衆国憲法などに違反していると断定したアラバマ州では、七四年ころから政治状況が一変した。同年の選挙で、共和党は、白人と黒人の連帯がはかれず分裂したまま選挙に臨まねばならなくなった。さらに、共和党支持者は暗殺や家屋・農場の破壊などのむきだしの暴力にさらされ、殺人もいとわない武装した白人グループによって投票を妨害された。多くの南部白人は、共和党支持から撤退し、白人の利害を守る陣営に糾合《きゅうごう》されていった。この結果、民主党が州議会の両院を支配するようになったのに加えて、白人優越と州自治の確立をスローガンとする保守派のヒューストンが知事に当選した。アラバマ州における再建は一八七四年に終了したといえる。翌七五年には州最高裁の判事も民主党の息がかかった人物が多数を占めるようになった。

一八七五年のフォード事件(白人男性と黒人女性のカップルが婚外淫行の罪に問われた裁判)で、アラバマ州最高裁は、バーンズ判決によって違憲であるがゆえに無効とされたはずの異人種混交禁止州法にもとづいて、被告男女を有罪とした。民主党復権後の州最高裁が、共和党再建期のバーンズ判決をなきものにしようとするこうした試みは、一八七七年のグリーン事件判決に結実する。

白人優越の論理

黒人男性A・グリーンと白人女性J・アトキンソンは結婚禁止に違反したとして起訴され、地方裁判所で懲役二年の有罪を宣告された。二人は、バーンズ判決の判例を根拠にして控訴したが、州最高裁は一審の有罪判決を支持した。判決文を書いたマニング判事の意見は、詳しく考察するに値するものである。

まず判事は、州法の規定に不平等はないと断定する。白人は黒人と結婚できず、黒人は白人と結婚できないから、禁止規定は両人種に平等に適用されているからである。また、刑罰は白人にも黒人にも等しい量刑が科されるから、ここにも差別はない、と論じた。では、つぎに、連邦の市民権法や合衆国憲法修正第一四条との関係はどうか。市民権法の審議で法案成立に賛成票を投じた北部の連邦議員のなかには、出身の州が異人種婚禁止法を制定している議員もいたが、審議のさいに地元選出州の禁止法についてなんの言及もなされていない。このことは、市民権法を制定した連邦議会が、各州の禁止法を無効にする意図がなかったことを示しているのだと、判事は推定した。また、修正第一四条で連邦政府が保障する市民の権利とは公民としての権利であって、結婚のような社会的権利の領域にかんしては絶対的に州に管轄権があるとする解釈を、判事は提示した。

マニング判事の意見では、そもそも結婚とは、市民権法や修正第一四条が保障する普通の契約——当事者が好き勝手に結んだり解消したりできる契約——ではなく、秩序ある社会が必要とするもっとも基本的で重要な社会関係である。いわば公共の福祉と安寧を実現するために、主権者たる州がこの基本的な社会関係の保全や矯正の権限を有する。結婚をつうじて人は家庭を築き、家庭において徳が養成される。家庭は州にとっての市民養成の場であり、そのように重要な場に邪悪をもたらすような行いを、州は座視できない。

判事はその「邪悪」の根拠を、旧約聖書の創世記第一章——「神は地の獣を種類に従い、家畜を種類に従い、また地に這《は》うすべてのものを種類に従って造られた」——のアナロジーを用いて、こう説く。

なぜ、創造主がある者を白人に、また他の者を黒人にお造りになったのか、そのわけをわれわれは知らない。しかし、事実は明白で、人種は個別であり、おのおのがその固有の本質の定めに従って、独自の種類を生み出している。神は人種を異なるものとして創造した。人種の堕落を導く異人種間の結婚や混交を禁じる自然の掟は、人種の違いがつくられたことと同じく、まぎれもなく神聖なものである。

創世記が記しているのは、異なる動物種の創生にかんしてであるが、マニング判事はその創生のルールを人類創造にもあてはめたのである。

最後にマニング判事の判決意見で見のがされてはならない点は、黒人との結婚や肉体関係に陥る人びとが、貧しい階層の白人であると決めつけていることである。困窮する生活のために、彼らは、低能で、知的障害の状況にあるがゆえに、黒人と関係をもつという反社会的行為を犯してしまう。「白人は本来、優越しているはずである。ところが、貧しく健全でない一部の白人〈による異人種混交〉によって、白人性が汚されている」。このような性向をもつ白人にたいして、異人種との混交を禁止する法律は、反社会的行為を未然に防ぐ役目をはたすものである。マニング判事は、このように法律の意義を位置づけた。

異人種婚禁止の社会的意味

この最後の点は、復権した民主党の白人が南部全域で支配をかためる過程で、なぜ、異人種混交禁止法がくまなく完備されていったかを考えるさいに、重要な示唆を与えてくれる。判事がここではからずも明らかにしたことは、解放された黒人と貧しい白人とが親密な関係から合体・連帯して裕福な白人に脅威を与えることになるのではないかという恐怖感であった。婚姻という「私的な結合」を非合法化することで、黒人と白人貧困層との「社会的結合」を阻止する目的が、異人種混交禁止制度の根底にあったといえるだろう。

これと関連して、現実の混交を阻止すること以外に異人種婚禁止法がもった重要な機能についても、ふれておかねばならない。南北戦争後の南部には、地位や階層、あるいは宗教や文化の点で、多様な白人が存在した。これに加えて、奴隷制時代から、プランターによる奴隷女性への肉体関係の強要などによって、

農場で働く黒人小作人たち

相当な数の混血者とその子孫が南部社会に存在していた。このような状況において、「白人優越」の信条を打ち立てて黒人を排除する隔離制度の確立を模索する人びとは、一枚岩の白人社会という共同体の幻想を生み出す基礎として、「純粋な白人の血」の存在を社会に認知させる必要があった。異人種婚禁止法は、混交から守られねばならない「純粋な白人の血」が現実に存在するかのようにみせかける装置にほかならなかった。

さて、グリーン判決に話をもどすと、州の禁止法を連邦市民権法や憲法修正第一四条に違反すると裁定したバーンズ判決がマニング判事のグリーン判決によって覆されたことは、その後の長い期間にわたって、全米各地で起こされた禁止法の違憲性を問う訴訟をことごとく退けることになる非常に重い意味をもつことになった。アラバマ州ではさっそく一八七七年に、バーンズ判決ではなくグリーン判決を判例とする判断がくだった。黒人男性R・フーヴァーと白人女性B・リッツィーは、バーンズ判決で異人種婚禁止州法が違憲であるから無効と判断されたことを役所で確認したうえで、一八七五年に、牧師が司式した結婚式をあげ、役所の婚姻検認官が署名する婚姻許可証をえた。しかし翌年、二人は婚外相姦の罪で起訴され、裁判で有罪を宣告された。フーヴァーはこれを不服として州最高裁に上訴した。フーヴァーは法廷で、結婚が異人種婚禁止法を違憲と判断したバーンズ判決の三年後であり、なおかつバーンズ判決を覆したフォード判決やグリーン判決よりも前であるから、結婚が認められるはずだと主張した。しかし、州最高裁判事は、フーヴァーの主張をすべて退けて、一審判決を支持した。そのさい、判事はバーンズ判決を「本裁判所がかつてくだした誤った判断」であったと断定することによって、バーンズ判決の意味を完全に葬り去った。

禁止法合憲性の確立

アラバマ州にかんしては、のちに大きな影響力をもつことになるもう一つの事件についてふれておかねばならない。黒人男性T・ペースと白人女性M・J・コックスは、異人種婚を禁止する州法に違反することを恐れて、結婚もしなければ、同居もしなかった。彼らは適宜相手の自宅を訪問したり、別のところで会うなどして、異人種間淫行の罪をも逃れようと工夫をこらした。それでも法は二人を見のがすことはなく、一八八一年、大陪審は両名を、婚外の同棲と不正な性的交わりを禁じた州法にもとづいて起訴し、地方裁判所は二人に懲役二年の有罪を宣告した。

二人は州最高裁に上訴し、バーンズ判決を引用して、一般の(同人種間の)婚外同棲・淫行と比べて、異人種間のそれに、より重い刑を科している州法の規定は、合衆国憲法修正第一四条の法のもとでの平等に違反していると主張した。しかし州最高裁は、バーンズ判決など存在しなかったかのように、それにはいっさい言及しないで、判例としてはもっぱらグリーン判決に依拠して訴えを却下し、一審の有罪判決を支持した。異人種間淫行の罪を犯した者は、白人も黒人も同じ刑罰を受けるから、法の保護における不平等は起こらないという判断であった。そのさい、判決は、同人種間の淫行に比べて異人種間の淫行を重く罰するのは、「犯罪としての重みが違うからである。すなわち、異人種間の不正な性的交わりが犯罪として重いのは、その結果として二人種の融合が生じ、雑種化した人間と劣等化した文明を生み出すなど、社会と政府のもっとも重大な利害にかかわることであるから、健全な公的政策によって防がれねばならない」と論じた。

ペースはこの判決を不服として、一八八三年に連邦最高裁判所▲に上告した。異人種間結婚の禁止規定そのものではないが、同人種間と異人種間とで淫行罪の量刑に差をつけている州法の規定が、連邦市民権法や修正第一四条に違反するかどうかを、連邦最高裁が判断する機会が訪れた。ペースの弁護士は、例えば、黒人が白人と不正な肉体関係をもった場合と、同じ黒人が黒人やインディアンや中国人などと不正な肉体関係をもった場合で、量刑に違いを設けることは、修正第一四条に違反していると主張した。これにたいして、アラバマ州検事総長は、法律で結婚が禁止されている男女——近親者同士、既婚者、異人種——のあいだの淫行を、一般の淫行よりも厳しく取り締まるのは、性関係を律する法がもつべき当然の規定であると論じた。

連邦最高裁の判断も、アラバマ州最高裁の判決をほとんど踏襲したものであった。法のもとでの平等保護条項は、同じ罪を犯した場合に人種による量刑の違いがあってはならないことを定めているのであり、違う犯罪に違う量刑を科している州の法律は、なんら憲法違反にはならない、と連邦最高裁の判事た

▼連邦最高裁判所　建国当初は六名、現在は九名の裁判官から構成され、裁判官は大統領の指名と上院の承認をもって就任する。一八〇三年のマーベリ対マディスン事件においてマーシャル最高裁長官が最高法規である連邦憲法に違反する法律は無効であると判決し、違憲立法審査権が確立した。

ジョン・マーシャル・ハーラン（一八三三〜一九一一）　一八七七年より連邦最高裁判事。一八七五年市民権法を違憲とした判決（八三年）や南部の人種隔離制度を承認したプレッシー対ファーガソン事件判決において判決に反対する意見を述べたが、ペース事件判決では、アラバマ州の異人種混交禁止法を合憲と判断した。

ちは判断した。異人種間の淫行をとくに厳しく罰することが憲法違反とならないならば、論理的には、異人種間結婚(だけ)を禁止することも憲法違反にはなりえないことになる。一八八三年のペース判決によって、各州が定める異人種混交禁止法が合憲であることについての判断が定着し、この判断は連邦最高裁ではじつに一九六〇年代まで覆されることがなかった。

アラバマ州はこのようにして、グリーン、フーヴァー、ペースの三判決をとおして、しかも連邦最高裁の支持をもえて、異人種混交禁止法の法的正当性を確立した。同様に、共和党再建期に州の異人種婚禁止規定の効力を停止させる判決を出したテキサスでも、民主党が権力に返り咲いた一八七五年から民主党勢力が州最高裁をも支配するようになり、その結果、保守的な判決の巻返しが起こっていた。元奴隷がかかわる男女関係を遡って正規の婚姻として認定したディッカーソン判決はその後の判例とはならず、異人種カップルの場合には正規の夫婦と認定しない判決(一八七五年クレメンツ判決)や、異人種婚禁止州法が合憲であるとする判決(七七年フレッシャー判決)があいついで州最高裁によって出された。

禁止体制の整備と拡充

共和党の再建期にも異人種婚禁止法を有効に維持した南部諸州では、民主党が復権すると、禁止体制のさらなる整備と拡充がみられるようになった。ヴァージニア州を例にとって、それをみてみよう。

ヴァージニア州は、南北戦争前の一八六〇年の法律で、異人種間結婚を完全に無効としたうえで、婚姻当事者のうち白人のみに一〇〇ドル以下の罰金および一年以内の懲役刑を、また婚姻証明書を発行した役人や結婚式司式者に罰金ないし禁固刑を定め、さらに、婚外の同棲・姦淫については、自由人のみに罰金刑を定めた。

南北戦争後、解放された黒人に正規の結婚が認められるようになると、異人種間で結婚を求める男女が公然とあらわれるようになった。新聞の報道などによると、異人種カップルが婚姻許可証の発行を求めて拒絶されたり、異人種婚を司式した牧師が罰金を科せられた事件がこの時期に起こっている。

一八六六年の法律によって、混血を意味するムラトーというカテゴリーは消滅し、ニグロの血が四分の一以上はいっている者は、従来のニグロも含めてす

▼ワシントンDC　ワシントン市は、コロンビア特別地区(DC)でもあり、初代大統領ワシントンと、アメリカの「発見者」コロンブスの二人を讃える名称をもつ。どの州にも属さず、連邦議会の直轄地である。

べてカラードと分類されることになった。

一八七八年に、大きな影響力を残すことになる判決がヴァージニア州最高裁によって出された。黒人男性A・キニーと白人女性M・ミラーは、一八六七年より同棲を始め、三人の息子を生み育ててきた。二人は、婚外同棲の罪で処罰されることに不安を覚え、正規の夫婦となることを望んだが、州内では結婚を司式してくれる牧師を見つけることができなかった。そこで二人は一八七四年に、異人種婚を禁止していない首都ワシントンDC▲で結婚式を執りおこなったあとに、ヴァージニアの自宅にもどった。異人種婚を認定しないヴァージニア当局はキニー夫妻を、未婚者同士の異人種同棲とみなして逮捕した。ワシントンDCで許可をえた正式な夫婦であると主張して予審法廷で訴えたキニーにたいして、判事は、その結婚をヴァージニアの法を逃れるための無益でくだらない行いと決めつけ、この犯罪の刑罰としては最高の五〇〇ドルの罰金を申しわたした。

キニーは州最高裁に控訴した。しかし、最高裁の判事も、だれが、だれと、どのように結婚するかを規制する権限が完全に州に委ねられていること、した

フレデリック・ダグラス（一八一八〜九五）　メリーランドで奴隷として生まれたが、一八三八年に北部に逃亡し、四五年に自伝を公刊して奴隷制廃止運動に従事。妻の死後、一八八四年に、二〇歳年下のフェミニズム運動家白人女性ヘレン・ピッツと結婚した。

がってキニーの行いが、異人種婚を禁止する「当州の道徳的安寧と社会秩序を脅かす」刑法違反であることを言明した。

　この州最高裁判決で重い罰金が確定したが、しかし、キニー夫妻が強い結合を保ったことをつけ加えておきたい。訴追を受ける危険があったにもかかわらず、判決後もキニー夫妻は同居を続け、一八八〇年にも依然として州内で五人の息子とともに世帯を維持していたことが、国勢調査の集計表から判明している。

　このキニー事件を受けて、ヴァージニア州議会は一八七八年に、異人種混交にかんする規制の改訂に着手し、つぎのような厳罰化をはかった。すなわち、異人種婚はもちろん無効とされたが、法に違反して結婚した場合は、白人のみならず、黒人の当事者も刑罰を受けることとなった。その刑罰は、罰金刑ではなく、二年以上五年以内の重罪犯刑務所での懲役と定められた。さらに、もっぱら結婚式をあげる目的で他州へ行き、そこで婚姻許可をえたあとに州内にもどって夫婦として居住する異人種カップルは、州内で結婚を執りおこなったのと同等とみなして——すなわち、キニー夫妻のように婚外同棲として裁かれるのではなく、異人種婚とみなして――重罪の刑罰が科される、と定められた。この規定は、式があげられた場所で有効とされた結婚はいかなる場所においても有効であるとするイギリス法の伝統から逸脱したものであった。

こうして南北戦争後のヴァージニア州は、異人種婚にたいして、それを重罪と位置づけ、相応の厳しい罰則を設け、かつその罰則を人種を問わず適用し、また、他州で許可された異人種結婚を同州内で結ばれた結婚に等しいものとみなして同等に罰することで、法の抜け道を閉ざした。

ヴァージニア州に住む白人男性D・フーは、一八四〇年ころから黒人女性H・グリーンナムと関係をもつようになった。当然、結婚は禁止されていたから、二人は婚外の同棲を続け、一一人の子どもをもうけた。年老いてきた二人は、フーの遺産を相続する資格のある嫡出子の身分をこの一一人の子どもたちに与えるために、一八七五年に異人種婚を禁止していないワシントンDCに赴き正式な結婚式をあげて自宅にもどった。三五年間、法が定める道義に反した関係を続けてきた男女が、子どもたちの将来を思いやって、重罪を犯す危険を覚悟で婚姻関係を手にいれようとしたのである。なぜなら、ヴァージニア州の法律では、結婚が禁止されている男女が結婚して——例えば、既婚者による重婚など——子どもをもうけた場合でも、その結婚は無効として取り消されるが、生まれた子どもには遺産の相続権をもつ嫡出子の身分を与えることもあると定めた規定があるからであった。フーはさらに念をいれて、グリーンナムと自分とのあいだに生まれた子どもたちに財産を与えることを記した遺言書をも残すことにした。一八八一年にフーが亡くなると、グリーンナムの子どもたちに相続権があるかどうかをめぐって訴訟が起こされることになった。

地方裁判所も州最高裁判所もともに、グリーンナムの子どもたちにフーの遺産を相続する資格はないと判断した。異人種婚は無効であるのみならず、「犯罪」であるから、その犯罪の関係から生まれた子どもたちに嫡出子の資格は認められないという理由であった。

グリーンナム判決がいみじくも明らかにしたように、州が定めた異人種混交禁止法は、白人から非白人への財産の相続をはばむ役割もはたした。奴隷制のもとではもとより、奴隷制廃止後の南部においても、富の圧倒的な割合を白人が掌握していた。その白人が、黒人と正式に結婚できないようにする——つまり、正規の配偶者や嫡出子となる資格を黒人に閉ざす――ことで、白人の富が黒人や混血に移譲するのを防いだのである。この意味で、異人種婚禁止法は、富の平等化を阻止する装置でもあった。

禁止体制の「完成」

二十世紀にはいっても、異人種婚禁止体制の進化は続く。ヴァージニア州では一九一〇年の法律で、白人との結婚が禁止される黒人混血を、従来のニグロの血四分の一以上の者（二世代遡った祖父母の代に一人以上の純血アフリカ人がいる者）から、一六分の一以上の者へと拡大された。言い換えると、四世代遡って曾曾祖父母一六人のうち一五人が白人であっても、残りの一人が純血のアフリカ系であれば、その人はムラトーと定義され、白人との結婚がかなわないということになった。

このような混血規定の変更がおこなわれた理由の一つは、全米において混血のかなりの割合が、現実には白人としてとおっている――これをパッシング▲（passing）という――ことを危惧する声が、白人社会の不安をあおったからで

▼パッシング　とくに、ヨーロッパ人としては浅黒い肌をした南欧系の移民が多く住む北部の都市では、肌の色が白い黒人や混血が自らを白人として偽って異性の白人と結ばれているのではないかと推測された。また、パッシングをテーマにした小説も、一九二〇年代には注目を集めた。

ネラ・ラーセン（一八九一〜一九六四）デンマーク人の母親と西インド出身の父親とのあいだに生まれた作家。一九二九年に、自らを白人としてとおそうとした混血女性の物語『パッシング』（邦訳『白い黒人』春風社）を著した。

▼優生学　eugenicsは、ダーウィンの弟子の遺伝学者F・ゴルトンによって一八八三年に提唱された。人間の生得的質に影響する要因を探り、人類の改良に努めることを目的とする学問。イギリスよりもアメリカで広く受容され、一九三一年までに全米三〇州で優生断種法が成立した。移民制限法の論拠にもなった。

▼マディソン・グラント（一八六五～一九三七）　法曹を生業としたが、優生学者として名をはせ、著書『偉大なる人種の消滅』は、アメリカの移民制限や異人種婚禁止の運動だけではなく、ナチス・ドイツの人種政策にも影響を与えた。

ある。ヴァージニア州では一八七〇年以降、一貫して黒人人口が減少しつづけたが、このことは混血化の進行によって白人を装う黒人がふえているからではないかと論じる者もあった。

一九一二年にヴァージニア州議会は、州保健局のもとに人口統計室を設置し、州内のすべての新生児について、父母の人種を登録する制度をスタートさせた。一九一八年には、州内で執りおこなわれたすべての婚姻を人口統計室に登録することも決められた。異人種間結婚と混血への監視を強化するこのような一連の動きの背後にあったのは、優生学▲に代表される人種主義的な「科学」の台頭であった。それによると、動植物と同じく人類も品種改良が可能である一方で、品種の劣化も起こりうる。人種の劣化を引き起こすのは、精神的な障害者や虚弱者であり、あるいは外国人や非白人であるとされた。一九一六年に『偉大なる人種の消滅』を著したマディソン・グラント▲は、異なる人種の混交は、進歩の度合の低い劣ったタイプの子孫を生み出すから、より高度な人種を維持するためには異人種婚禁止体制がもっと拡大しなければならないと論じ、その主張は多くのアメリカ人に受け入れられた。

このような人種主義的優生学が法律となって結実したのが、一九二四年にヴァージニア州で成立した人種純血保全法である。優生学の影響を受けた知識人が中心になって一九二二年に「アメリカ・アングロサクソン・クラブ」を設立し、白人種の純血を守るためのより厳格な方策を講じるように、州議会に請願するなどの運動を展開した。これを受けて、州議会は、コーカソイド（白色人種）以外の血が一滴もはいっていない者のみを白人と定義し、その白人は白人以外の者――白人以外の血が一滴でも流れている者すべて――と結婚することを禁じる法律を制定した。この人種純血保全法の成立で、ヴァージニアではじめて、黒人やインディアンに加えて、アジア人も白人との結婚が禁止される対象のなかにいれられたことになる。同法はまた、人口統計室に州民の人種を登録させるための権限を与え、また虚偽の人種登録をおこなった者は一年以内の懲役という重罪を科した。なお、同法を可決した会期中に州議会は、州立施設における精神障害者の断種を定めた法律を圧倒的多数で可決している。

さらに、一九三〇年には、ニグロの血一六分の一以上をもつ者をカラードと規定した一九一〇年の法律を改め、祖先に一滴でもニグロの血がまじっている者をすべてカラードと規定した。ここに、黒人の血を一滴でも引く混血を黒人とみなして排除する白人社会の法制化がヴァージニアで完成した。

白人女性をかどわかす中国系男性の恐しい本性を描いた新聞の漫画
『ブルックリン・デイリー・イーグル』紙、一九〇九年六月二十七日。

禁止体制の黄金時代

一滴の血の混入を基準として人種を分類し、結婚によって人種の境界をこえることを許さないヴァージニアの一九二四年法は、第二次世界大戦後まで続くアメリカの異人種婚禁止体制を代表するものとなった。図(次頁)が示すように、一九一三年から四八年まで、全米四八州中、三〇州が禁止法を施行していた。前述したように、オクラホマが州に昇格した直後の一九〇八年に禁止法を制定したことで、南部全一七州で異人種婚禁止体制が完備され、黒人投票権の剝奪や人種隔離制度と軌を一にして展開した。また西部では、一九一三年にワイオミングが禁止法を制定するまでに、ワシントンとニューメキシコを除くすべての州で禁止法が成立した。また、これらの西部諸州では、当初より白人とアジア系の結婚を禁止する規定を備えていた。白人との結婚禁止対象にアジア系を含める制度は、一八六一年にこれを定めたネヴァダから始まり、一九二七年に

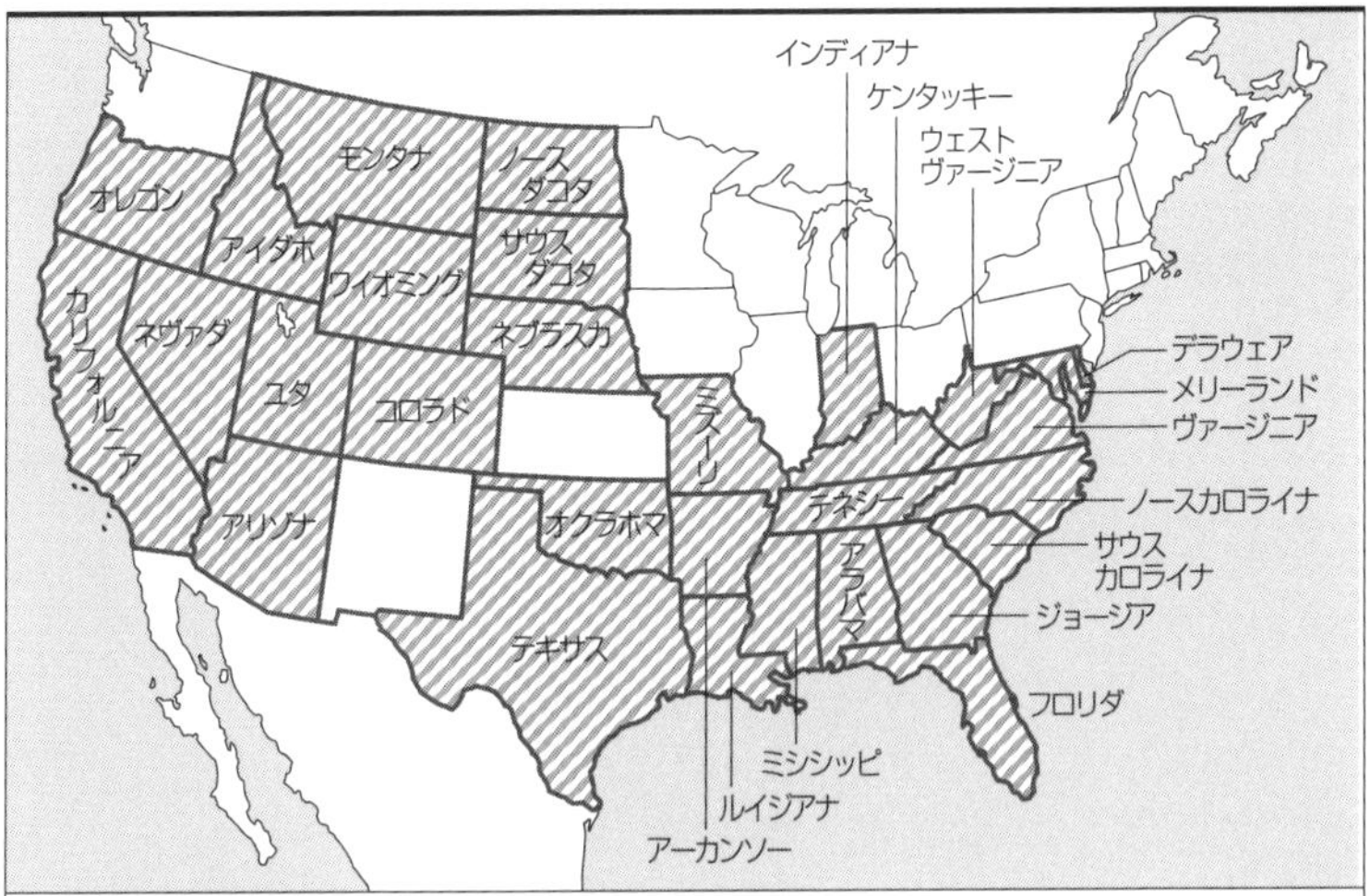

●—**異人種婚禁止法を制定する州**（一九一三〜四八年、全米四八州中三〇州）

●—**白人女性との結婚を三回も繰り返した黒人プロボクサーのジャック・ジョンソン**　彼の振舞いに激怒した白人は、異人種婚禁止法を施行しない北部や中西部の州議会で禁止法の導入を検討し、連邦議会において全国的な禁止法案を提出した。

▼ジャック・ジョンソン（一八七八〜一九四六）　世界ヘビー級チャンピオン。リング上でボクサーの白人男性を打ち倒しただけでなく、私生活で三度も白人女性と結婚することで、白人男性を敵にまわした。白人女性を連れて北部の街をわがもの顔で行き来するジョンソンは、社会規範の攪乱者としてきらわれた。

ジョージアがこれを定めるまで、全米一四州で確立した。

逆に、南北戦争終了後以降、第二次世界大戦までに異人種婚禁止法を廃止した州は、イリノイ（一八七四年）、ロードアイランド（八一年）、メインとミシガン（八三年）、オハイオ（八七年）のわずか五州にとどまった。

禁止法を定めていない北部や中西部の諸州でも、異人種婚が無条件で容認されたわけではない。むしろ、異人種婚をタブー視する慣行は根強く、ある意味で南部以上に黒人が白人を装って白人社会に侵入するパッシングにたいする警戒は強かった。また、売春防止法や淫行取締法など種々の規制の適用によって、異人種間の恋愛や交際は実質的には禁じられていたといってよい。しかも、北部・中西部の諸州の州議会で、異人種婚禁止州法を制定しようとする動きが幾度となくあらわれた。

一方、連邦議会でも全国禁止法の立法化に向けて、法案の提出が繰り返された。一九一二年に、ジョージア選出の連邦下院議員S・A・ロッデンベリーは、プロボクサーのジャック・ジョンソン▲の派手な振舞いに激怒し、異人種間結婚をすべての州で禁止するために憲法修正を提案した。この憲法修正提案を含めて、一九〇七年から二一年の一五年間で、連邦議会が審議した全国的異人種婚禁止法案の数は、二一に達した。ただし、そのいずれもが、婚姻にかんする法を定める権限は州にあるとする原則が尊重されたため、成立にはいたらなかった。

南北戦争後の再建期以後の南部で、異人種混交禁止法の拡充と並行して展開したのは、黒人男性が白人女性を強姦するという「恐怖」を根底にして、白人が黒人をリンチにかける事件の増加であった。奴隷制という「文明化の制度」から引き離された黒人には、生来の野蛮で凶暴な性癖が蘇りつつあると唱える白人の主張が南部で広く容認された。黒人のこの性癖の最たるものが白人女性への強姦であるとされ、それから彼女たちを守り、白人種の純血が汚されるのを防ぐために、強姦を犯した者、またはその未遂者に私的制裁を加えることが生じた。全国黒人向上協会（ＮＡＡＣＰ）の報告（一九一九年）によると、一八八九年から一九一八年のあいだに二五二五人の黒人がリンチにかけられたが、そのほとんどは南部で起こった。一八九二年にアーカンソー州で白人女性に性的暴行を加えたとして、黒人青年Ｅ・コーイが逮捕された。確かな証拠によると、

▼リンチ　加害者はほとんど処罰をまぬがれた。加害者への処罰を求める反リンチ法案が再三連邦議会に提出されるが、刑法の施行にかんする州の管轄権を主張する南部議員の抵抗で、一九六八年まで成立しなかった。

▼全国黒人向上協会　一九〇九〜一〇年に結成された黒人の解放運動を支援する全国的組織。立法活動、裁判闘争により黒人の教育・政治上の権利、公民権の取得を目的として反リンチ立法、ブラウン判決などで影響力を発揮した。

コーイは、強姦されたとされる白人女性とは一年以上も前から、おたがいに合意のうえでの情交関係にあったが、コーイはそのことを法廷で明らかにしなかった。警察署を取り巻いた一万五〇〇〇人をこえる白人暴徒は彼を留置所から引きずり出して町はずれまで連行した。樹木にくくりつけられたコーイは、暴徒によってナイフで体を切り刻まれたうえ、石油を体中にかけられて焼き殺された。リンチと異人種婚禁止法は、共生関係にあったといえる。禁止法は男女関係の人種隔離を正当化する公的な規範であり、リンチはその隔離の厳格な基準を遵守《じゅんしゅ》するように黒人を脅迫する非公式な規律の道具であった。

　十九世紀末から、南部諸州では白人が州法や自治体の条例によって、学校・交通機関・ホテル・食堂などあらゆる公共の場所を人種別に区分し、白人用施設から黒人を閉め出した。一八九六年に連邦最高裁は、プレッシー対ファーガソン事件判決▲において、ジム・クロウ▲と呼ばれる南部の人種隔離制度に法的承認を与えた。南部ではさらに投票税や識字テストによって黒人の参政権が事実上剥奪された。このようにして人種差別隔離体制が成立するが、この時期に整備された異人種婚禁止法制はその重要な一翼を担った。

▼プレッシー対ファーガソン事件判決（一八九六年）　鉄道の乗客を人種によって差別したルイジアナ州の法律について、人種を分離した施設であっても、平等であれば憲法に違反しないとする「分離すれども平等」(separate but equal)の原則を提示し、人種隔離制度に憲法上の根拠を与えた。

▼ジム・クロウ　人種の物理的隔離にもとづく黒人差別の立法をジム・クロウ法と呼ぶが、広くは黒人差別体制一般を指す。再建末期の一八七五年に公共の場における人種差別を禁止する連邦市民権法が制定されたが、八三年に連邦最高裁は、これを合衆国憲法違反のゆえに無効とする判決をくだし、それ以後南部各州はいっせいに人種隔離の法律化を開始した。

③―公民権運動へ

第二次世界大戦後の変化の兆し

オハイオ州が一八八七年に異人種婚禁止州法を廃止したあとには、同種の法律を撤廃する州はあらわれず、むしろ新法制定を試みる州があったり、全国的な禁止法を制定しようとする法案が連邦議会で検討されるなど、異人種混交禁止体制は不変であるかのように思える状況が十九世紀末から二十世紀前半にかけて続いた。しかし、ようやく第二次世界大戦終結後の一九四八年に、禁止体制廃絶への一里塚といえるできごとがカリフォルニア州で起こった。

カリフォルニアは、州に昇格した一八五〇年に、その最初の州議会で白人がニグロ・ムラトーと結婚するのを禁じる州法を制定した。その後、ゴールドラッシュ以降に増加した中国人移民▲にたいする排斥運動が起こり、同州は一八八〇年に、白人と中国人の結婚を禁止した。ついで、日本人移民▲にたいする厳しい排斥運動の勃興を背景にして、一九〇五年には、中国人と同じ「モンゴリアン」として日系人も白人との結婚が禁じられる対象とされた。さらに、一八

▼中国人移民　一八四〇年代末から本格的に流入しはじめ、おもに西海岸で鉱山や鉄道建設などの低廉な労働についた。厳しい排斥運動にさらされ、一八八二年の中国人移民排斥法で労働者の流入はとだえた。同法は一九四三年に廃止された。

▼日本人移民　一八六八年のハワイへの移民から始まり、九〇年代にはアメリカ本土にも多くの日本人がわたった。西海岸では、日本人学童の隔離や、一世の土地所有禁止などの差別を受け、一九二四年の移民法で日本人を含むアジア人の移民が全面的に禁止され、第二次世界大戦中には、西海岸居住の日系人に強制収容の措置がとられた。

九八年のスペインとの戦争の結果、植民地として獲得したフィリピンからの移民▲が一九二〇年代以後に増加すると、排斥運動が生じ、フィリピン人は「マレー人種」として区分されて、三三年に白人との結婚が禁止された。さて、白人（メキシコ系▲）女性A・ペレスと黒人男性S・デイヴィスは異人種カップルであることを明示したうえで、ロサンジェルス郡役所に婚姻許可証の発行を申請した。当然、役所は異人種婚禁止法に違反していることを理由に、許可証を発行しなかった。これを不服としたペレスとデイヴィスは、自分たちの結婚を禁止する州法が合衆国憲法違反だと主張して一九四七年に訴訟を起こし、州最高裁の判断をあおぐこととなった。

　州側の主張は、それまで各地での幾多の裁判で述べられてきたものと違いはなかった。すなわち、アラバマのグリーン判決を引用して結婚にかんする法的権限は州にあること、ペース判決を引用して白人も黒人も平等に制限され、平等な量刑を科されることや、白人と黒人の通婚が子孫の身体的活力や精神力の減退を導くことなどを論じ、州法が正当な目的をもった、憲法に違反しない法律であることを主張したのである。

▼フィリピン人移民　米西戦争後のパリ条約でアメリカ領となったフィリピンからの移民は、アジアからの移民を全面禁止する移民法の制限を免除されて、入国を認められた。一九三四年のフィリピン独立法で独立を約束されたが、同時に移民入国禁止の措置もこうむるようになった。

▼メキシコ系アメリカ人　アメリカ＝メキシコ戦争（一八四六〜四八年）の結果、アメリカの領土となった旧メキシコ領の居住者とその子孫、およびその後メキシコから移住した人びとは、一九三〇年で約一八〇万人を数えた。メキシコ人は一応は白人としてあつかわれたが、先住民との混血の歴史を背景にして人種的位置づけは不確かであった。たとえば一九三〇年国勢調査では、「白人」とは区別される「メキシコ系」として人種分類された。また州や地域によっては、黒人やアジア系と同様に学童の隔離や、陪審員からの排除をこうむることもあった。ペレス判決は、メキシコ系のような混血者の存在を前提として、人種分類それ自体がきわめて曖昧で不確実なものでしかないことに言及した。

長いあいだ、このような理屈づけによって異人種婚禁止法の合憲性が堅牢に支えられてきたのであるが、ペレス事件のころにはいくつか重要な状況の変化があった。まず、「法の正当な手続きによらないで個人の自由や権利を奪う法律を州が定めることはできない」とする憲法修正第一四条にもとづいて、州による市民的自由の制限のいくつかを憲法違反と判断する判例が連邦最高裁によって示されるようになっていたことである。例えば、初等学校児童に外国語を教えることを制限するネブラスカ州法や、公立学校への通学を義務づけたオレゴン州法が、それぞれ一九二三年と二五年に連邦最高裁によって違憲と判断された。州の権限よりも市民的自由をより尊重する傾向が判決で顕著になりつつあった。さらにまた、第二次世界大戦でナチス・ドイツと対決し、その人種主義の問題にたいする関心が極めて高まった時代背景もあった。

R・トレイナーが首席判事を務めるカリフォルニア州最高裁判所法廷は、判事七人中トレイナーを含む四人が、州禁止法を法のもとでの平等を定めた憲法修正第一四条に違反しているとして、ペレスとデイヴィスの結婚を許可するよう州に命じた。

▼**F・ボアズ**（一八五八〜一九四二）　ドイツで物理学・地理学をおさめたが、エスキモーの調査を契機に人類学に転じた。一八八七年にアメリカに帰化。実証主義に根ざして、科学的人種主義を批判し、文化の形成や変容をしなやかにとらえる解釈は、人類学の創設と発展に大きく寄与した。

トレイナーが書いた判決文は、極めて明快で論理的なものであった。判決は、ペース判決以来不動とされてきた論拠、すなわち異人種混交禁止法が白人にも黒人にも平等に適用され、刑罰も人種による区別はないから差別にあたらないとする論拠をつぎのように否定する。「決定的な問題は、異なる人種が、集団として平等に取り扱われているかどうかではない。〔修正第一四条の〕平等保護条項は、ニグロ人種やコーカソイド人種やその他の人種の権利ではなく、個人の権利にかかわるものである」。したがって、ただ人種のみを理由にして個人の行動の自由を制限することは、平等保護条項の違反であり、また他の人種も等しく制限を受けているということが、この違反を正当化することにもならないと、トレイナーは論じた。

さらに、基本的権利である結婚を制限するに値する重要な社会的目的があるかどうかを、判決は吟味した。禁止法の維持を唱える人びとは、法によって白人と結婚できないとされた集団が身体と知力の両面で白人よりも劣等であるから、混交を阻止しないならば州民が継承する遺伝子の質が悪化することになると論じた。優れた人種の純血を保持し、より劣った子孫の出現を最小限にとどめるために州法は有益であると主張されてきた。トレイナー首席判事は、学術研究の新たな動向を参考にして、これを論破する。人類学のF・ボアズ▲やR・ベネディクト▲、『アメリカのジレンマ』(一九四四年)を著した経済学者G・ミュルダール▲などの研究成果を踏まえて、「生得の能力において、ある人種が他の人種よりも優れているということを示す科学的証拠はない」とトレイナーは述べ、さらに「異人種婚から生まれる子どもが、いずれの人種にとっても資質劣化をもたらすものではないと、現代の専門家の意見は一致している」と断定した。

判事七人中三人の判事は禁止法を違憲ではないとする反対意見を述べたが、彼らは白人優越主義の人種理論にもとづく立場に立った。反対意見を述べた判事の一人は、「人種の融合は自然に反するだけでなく、嘆かわしい結果を絶えず招来する」と言明した一八九〇年のジョージア州最高裁の判決を引合いに出した。このような反対意見にたいして、判決に賛成した判事たちは、異人種婚禁止法に賛同する人びとが唱える主張と、ナチスの人種主義が通底していることを明らかにした。「もっとも神聖な権利、もっとも神聖な義務は、血が純潔

▼R・ベネディクト(一八八七〜一九四八)　コロンビア大学でボアズから人類学を学ぶ。北米先住民を研究対象として、一つの文化全体を理解するための統合的な方法論を唱えた。日本文化の研究『菊と刀』を著す。

▼G・ミュルダール(一八九八〜一九八七)　スウェーデンの経済学者。一九三八年から四二年までカーネギー財団の委嘱でアメリカの黒人問題の調査研究に従事し、人種主義の克服と人種差別の是正について提言した。一九七四年、ノーベル経済学賞受賞。

に保たれるようにすることである」と記したヒトラーの『わが闘争』の一文が、判決において読み上げられた。ナチスの人種主義とアメリカの独立革命や南北戦争遂行の理念とを対置し、ヒトラーこそ「すべての人間は平等に造られたという信条のもとでアメリカ人が戦い、血を流し、死んでいったこの戦争へと世界をいたらしめた人物であることを忘れてはならない」と述べ、さらに「全人が平等であるとする理念から生まれたこの国が、その理念が真実であることを示すために三度も国民を戦場に送りながら、国内ではその理念を具現化できていないことを、世界は決して理解できなかったし、今後も理解できないだろう」と結論づけた。

公民権運動が本格的に開始されるよりも前に、法に宿る人種主義をあぶり出した点で、ペレス判決の歴史的意味は大きい。しかし、その判決が判事七人中四人の合意によるという、きわどいものであったことも銘記すべきであろう。州最高裁で敗訴すれば、ペレス夫妻は連邦最高裁に上告するつもりであったが、はたして連邦最高裁で勝訴したかどうかは、あやしい。ともあれ、カリフォルニア州は連邦最高裁への上告を断念し、ペレス夫妻は正式の夫婦として州内に住むことができた。

たしかに、カリフォルニア州であったからこそ、この時期にこのような判決がでたといえるかもしれない。禁止法を施行していたとはいえ、この法律の違反者に実刑を科すことは同州においては多年にわたってなかった。また、他州や隣国メキシコで結婚した異人種カップルを罰するとする規定もなかった。このような禁止体制の弛緩が、画期的なペレス判決を導いたということもできる。

人種差別体制の動揺

この時期に連邦のレベルでは、保守的な議員の反対で立法化ははばまれたが、トルーマン▲大統領が、陸軍の人種統合をおこなうなど差別撤廃の推進を提唱していた。トルーマンのあと、大統領になったアイゼンハワー▲の政権期に、連邦機構のなかで人種差別撤廃に主導的役割をはたすのが、最高裁判所であった。一九五四年、連邦最高裁は、ブラウン対〔カンザス州〕トピーカ市教育委員会事件の審理において、白人と黒人の生徒を別々の学校にかよわせることを定めた人種隔離教育制度は、本来的に不平等であり、法の平等な保護を保障する憲法

▼トルーマン（一八八四〜一九七二）　第三三代大統領。一九四五年副大統領となり、同年のF・D・ローズヴェルト死去ののち、大統領に就任。第二次世界大戦の終結と、冷戦の始まりとなる対共産圏政策の策定に従事した。国内的にはフェアディールを掲げてニューディールの継承・拡大の政策を提唱した。

▼アイゼンハワー（一八九〇〜一九六九）　第三四代大統領（在任一九五三〜六一）。第二次世界大戦の連合国軍最高司令官として戦功をあげて国民的人気をえた。強硬な反共主義者であるが、緊張緩和にも努力した。内政ではニューディール以来の福祉政策を引き継ぎ、黒人の権利擁護にも一定の理解を示した。

モントゴメリーのバスボイコット運動を始めたローザ・パークス（一九一三〜二〇〇五）　白人用の前方座席に座る。

▼**マーティン・ルーサー・キング牧師**（一九二九〜六八）　一九五七年に南部キリスト教指導者会議を設立し、ガンディーの非暴力抵抗主義に根ざして公民権運動を指導した。数々の闘争を先頭に立って率い、「私には夢がある」と訴えた演説で、国内外に感銘を与えたが、テネシー州で凶弾に倒れた。

修正第一四条に違反すると断定する判決をくだした。さらに連邦最高裁は翌年に、公立学校教育で人種別学をおこなっている諸地域が漸進的に人種共学をおこなうよう指示した。これにたいして、南部諸州の自治体や白人市民は、人種共学の実施を引き延ばすための策を弄し、共学実施を実力で妨害する行為におよぶ場合もあった。人種統合による社会の解体を危惧するアイゼンハワー大統領も判決に批判的で、人種共学の推進に消極的姿勢を示し、連邦政府の指導力を発揮しようとしなかった。

　しかし、ブラウン事件判決によって、プレッシー対ファーガソン判決以来南部諸州の人種隔離制度の拠り所となっていた「分離すれども平等」の原則が公に否定され、差別撤廃と公民権の運動に弾みがついた。一九五五年末から、アラバマ州モントゴメリーでバス乗車についての人種差別に抗議してバスボイコット運動が展開された。マーティン・ルーサー・キング牧師▲が指導者となって一年以上も続いたこの闘いは、分離の撤廃を実現することに成功した。このことは、南部の黒人が、合法的な非暴力の手段を用いて効果的な大衆運動を組織する力をもちはじめたことを示した。では、ブラウン事件判決のあと、南部

マーティン・ルーサー・キング牧師

▼第二次ブラウン事件判決（一九五五年）　ブラウン判決を実行に移すために最高裁が「可及的速やかに」共学制度に移行するようにとくだした判決。しかし南部を中心とした二〇あまりの州での別学制度からの移行は、一九六〇年代終わりまで進行しなかった。

に根強く残存していた異人種婚禁止体制はどうなったのか。

ブラウン判決が出された直後に、連邦最高裁に異人種婚禁止法をめぐる上告があった。アラバマ州で黒人女性L・ジャクソンは、白人と結婚した罪で起訴された。ジャクソンは、禁止州法の違憲性を主張して地方裁判所と州最高裁で争ったが、訴えは認められず、重罪刑務所懲役刑の有罪を宣告された。ジャクソンは連邦最高裁の判断をあおぐべく、上告した。連邦最高裁は、ブラウン判決を実行に移すための第二次ブラウン事件判決▲を準備していたところであった。違憲の判断をくだす可能性が高いこの訴訟を裁くことは、ブラウン判決による人種共学が引き起こす社会の緊張をさらに高め、人種隔離問題の解決に障害となるのではないかと、最高裁判事たちは憂慮した。人種統合教育の問題が一段落するまで、異人種婚禁止法にかんする判断をひかえるべきではないか。そのように考える判事が過半数を占めた結果、ジャクソンの上告は却下された。刑が確定したジャクソンは数年間の刑務所懲役をたえねばならなくなった。

さらに、翌一九五五年にも、一件の異人種婚禁止法の違憲性を問う訴えが連邦最高裁にあがってきた。一九四二年に渡米した中国人船乗りH・S・ナイムは、渡米一〇年後にヴァージニア州に住む白人女性R・ランバースと親しい関係になった。二人は結婚を希望したが、ヴァージニアではそれが禁止されていたので、隣のノースカロライナ州で結婚式をあげて、すぐにヴァージニアにもどった。しかし、ナイムが海の仕事で頻繁に家を留守にしているあいだに、夫婦関係は壊れ、妻は夫と別れることを望むようになる。彼女は、白人と非白人との婚姻は無効であると定めた一九二四年のヴァージニア州人種純血保全法にもとづいて、結婚の無効を申し出た。ナイムが妻との結婚生活をどのように思っていたのかは定かでないが、彼にとっての問題は、アメリカ市民との結婚を前提に移民ビザを申請していたので、婚姻が無効となると、ビザの取得が難しくなることであった。ナイムは、異人種間の結婚を禁止する州法は合衆国憲法違反であると主張して訴訟を起こし、婚姻の認知をえようとした。ヴァージニアの地方裁判所と州最高裁では、ペース判決などが判例として取り上げられ、違憲性はないと判断されて、訴えは棄却されたので、ナイムは連邦最高裁に上告した。

ジャクソン事件と同様にナイム事件においても、ブラウン判決をくだした直後の連邦最高裁は、婚姻における差別を撤廃して異人種混交を認めれば、人種隔離制度の撤廃にたいする批判がさらに高まることを恐れた。首席判事アール・ウォーレン▲は、審理を始めることに乗り気であったが、有力な判事の一人フランクファーター▲は、ブラウン判決の実施にダメージを与えかねない事件を法廷が引き受けることは避けるべきだと考え、そのための工作に動いた。この時点で全米四八州の過半数を占める二七州が禁止法を維持しているなかで、南部以外にも広がりをもつ異人種婚禁止制度の是非にかんする判断を引き受けることは、どのような判決をくだそうとも、社会に与える影響は甚大で、ブラウン判決後の人種隔離是正の進路をより複雑で困難なものにすると、フランクファーターは考えた。

　結果として、最高裁は、法廷で審理するには十分な記録がそろっていないとして、ヴァージニア州最高裁に記録を完備して再審理するよう求めた。ヴァージニア州最高裁は格段の努力をすることもなく、以前の判決の正当性を確認するだけで終わり、連邦最高裁も州最高裁のおざなりな再審理にたいして、あらためて審査することもなかった。ブラウン判決後の社会的緊張のなかで、異人

▼アール・ウォーレン（一八九一〜一九七四）　カリフォルニア州知事を務め（一九四三〜五三）、ペレス判決がでたときの州知事であった。アイゼンハワーによって連邦最高裁長官に任命される（在任一九五三〜六九）。ブラウン判決をはじめ、平等措置にかんして多くの州法に違憲判決をくだした。

▼フランクファーター（一八八二〜一九六五）　オーストリア生まれで、F・D・ローズヴェルトの政策アドバイザーを務める。市民的自由を擁護するリベラルとみなされたが、連邦最高裁判事（一九三九〜六二）としては、立法府の判断を尊重する司法消極主義の立場をとった。

種婚禁止の問題は回避されたのである。

進展する公民権運動のもとで

　モントゴメリーのバスボイコット運動ののち、キング牧師は公民権運動の全国的指導者として大きな影響力をもつようになり、彼のもとでボイコット、座り込み、デモなどの大衆行動が果敢に繰り返された。黒人大衆を動員するとともに、白人の良心に訴える運動は、多数のアメリカ人に感銘を与えた。一九五七年にアーカンソー州リトルロックで白人高校への通学を試みる黒人生徒が白人社会の妨害を受けると、アイゼンハワー政権も連邦軍を派遣して生徒の登校を実現させた。

　一九六〇年代にはいると、市民生活における差別を廃止するための実効性のある公民権法を求める動きが高まってきた。公民権運動家をねらった保守的な白人社会による暴力がむき出しになった事件がたびかさなると、ジョン・F・ケネディ▲大統領はついに一九六三年六月、包括的な人種差別禁止と司法省権限強化をもりこんだ実効性のある公民権法案を議会に提出した。キング牧師が

▼ジョン・F・ケネディ（一九一七～六三）　第三五代大統領（在任一九六一～六三）。アイルランド系のカトリック教徒。キューバ・ミサイル危機のあとに部分的核実験停止条約に調印する一方、ヴェトナム戦争への介入に踏みきる。テキサス州ダラスで暗殺される。左は黒人指導者たちと語らうケネディ（右から二番目）。

「私には夢がある」と演説したワシントン大行進▲で、公民権運動は頂点に達した。ケネディ暗殺後、リンドン・B・ジョンソン▲大統領のときに、公共の施設や雇用における差別を禁止した公民権法(一九六四年)、および投票を保証するために連邦政府による監視と介入を定めた投票権法(六五年)が成立した。差別の撤廃を求めた黒人自身によるねばり強い運動が、アメリカの世論と議会を動かして、こうした成果を達成したのである。

異人種婚禁止制度を撤廃する動きも、確実に強まっていた。カリフォルニア州では一九四八年のペレス判決で禁止法は実効力を失い、異人種結婚が容認されるようになった。西部各州の議会がその後、廃止に乗り出し、一九五一年にオレゴン、五三年にモンタナ、五五年にノースダコタ、五七年にサウスダコタとコロラドが、順次廃止の手続きをとった。ネヴァダでは、一九五八年に、白人男性と日系人女性との結婚にたいしてペレス判決を判例として州法を違憲とみなし婚姻証明の発行を命じる判決が地方裁判所で出され、翌年、州議会は禁止法を廃止した。アイダホも一九五九年に廃止した。また、アリゾナでも、一九五九年に白人女性と日系人男性が起こした訴訟で、禁止法が違憲とされ結婚

▼ワシントン大行進(一九六三年) リンカンの奴隷解放宣言から一〇〇年目にあたる一九六三年の八月、約二〇万人が首都ワシントンの中心部モールで、人種差別の即時撤廃を求めておこなった平和行進。公民権運動の高揚を示す象徴的できごとで、公民権法の成立の基礎となった(本書扉写真参照)。

▼リンドン・B・ジョンソン(一九〇八〜七三) ケネディ暗殺後、副大統領から昇任した第三六代大統領(在任一九六三〜六九)。国内的には「偉大な社会」を掲げて、公民権法制定、福祉・教育政策に一定の成果をあげたが、対外的にはヴェトナム戦争が北爆などで拡大長期化し、内外の批判を受けた。

ホワイトハウスに黒人指導者を招いたジョンソン(右端)

を認める判決が出された。その三年後に、アリゾナ州議会は禁止法を廃止した。一九六三年にユタとネブラスカが、六五年にワイオミングと中西部のインディアナが廃止の手続きをとった。こうして、西部・中西部のすべての州が異人種婚禁止体制からの脱却をはたした。国連総会で、アメリカ合衆国も賛成した人種差別撤廃条約が採択された一九六五年末の時点で、引き続き禁止法体制を維持したのは、図(次頁)が示すように、南部一七州のみとなっていた。

こうしたなかで、一九六四年に異人種混交禁止を正当化する重要な柱となっていたペース判決を覆す判断を連邦最高裁がくだすことになる。黒人男性D・マクラフリンと白人女性C・ホフマンは、フロリダ州マイアミの簡易アパートで数週間過ごしたことで起訴され、三〇日間の懲役と一五〇ドルの罰金を宣告された。当時のフロリダには、一般の婚外姦淫罪のほかに、異人種男女の恒常的同居や同衾《どうきん》を禁じる法律があった。マクラフリンとホフマンは、同人種男女についても婚外同棲姦淫を禁止する法があるとはいえ、異人種間男女の場合のみ、性交渉の有無を確認することなく罰則が適用されるのは、法のもとでの平等に反するから、フロリダ州法は憲法違反であると主張して訴訟を起こした。

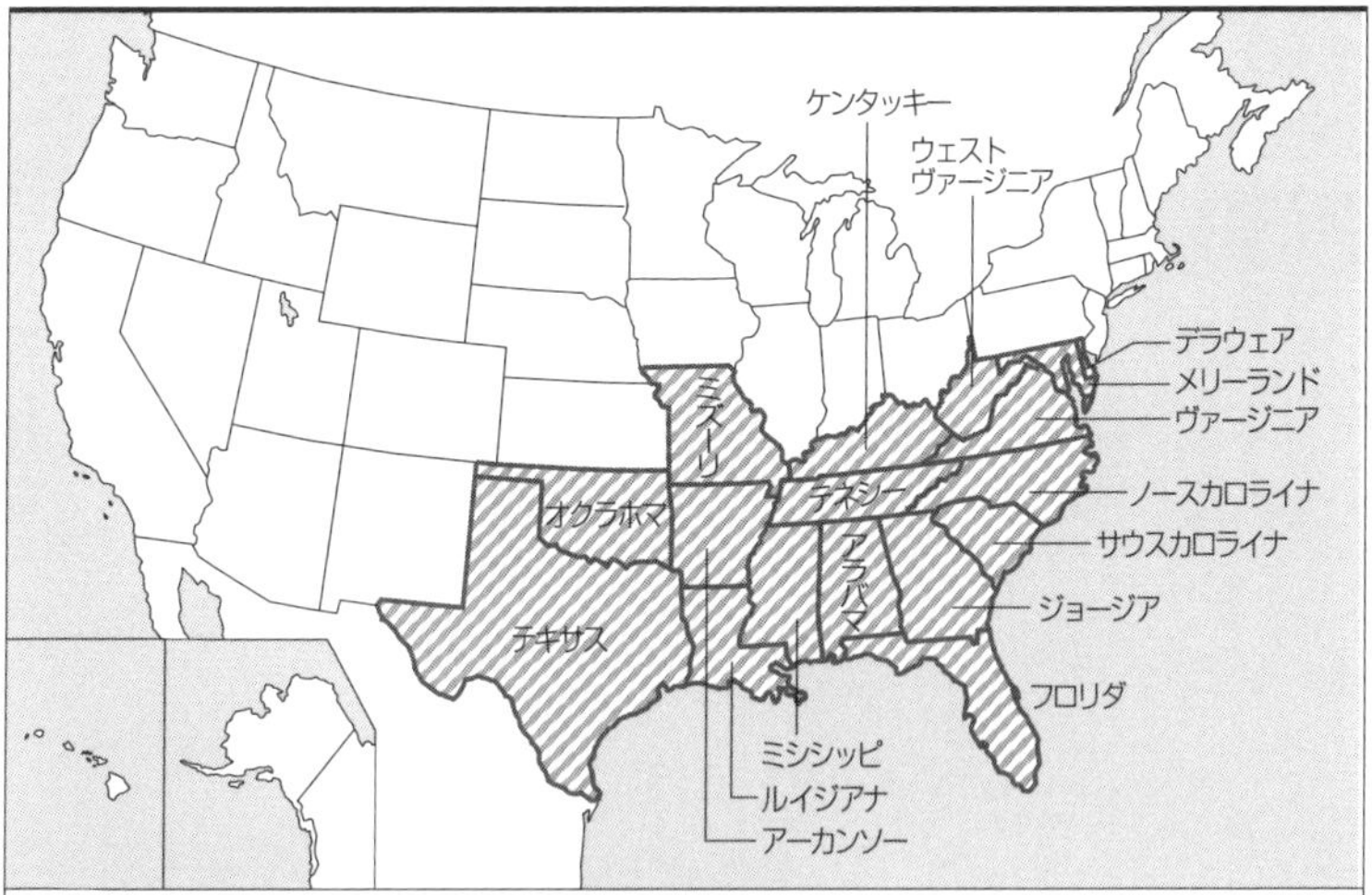

●—**異人種婚禁止法を制定する州**（一九六六年、全米五〇州中一七州）

●—**連邦最高裁長官アール・ウォーレン**

アラバマ州バーミングハムの人種衝突（一九六三年）　公民権を求める抗議運動をおこなう黒人の若者が警察の犬に攻撃される。

▼アメリカ市民的自由連盟　一九二〇年創設。表現の自由、適正な法手続き、プライバシーの権利など、憲法上の自由の擁護を目的として、法廷訴訟をおもな活動とする組織。公立学校での進化論教育の権利の弁護や、ヴェトナム反戦者の恩赦などのための活動をおこなった。

フロリダの地方裁判所と州最高裁は、ペース判決を判例として州法の合憲性を認め、マクラフリンらを有罪とした。マクラフリンらは連邦最高裁に上告した。公民権運動で重要な役割をはたした全国黒人向上協会（ＮＡＡＣＰ）やアメリカ市民的自由連盟（ＡＣＬＵ）▲が、このマクラフリン事件に進んで関与し、被告人らの後援にあたった。

連邦最高裁は、ブラウン判決の趣旨を引用しながら、婚外の異人種男女関係を厳しく取り締まる州法を正当化する論拠となってきたペース判決を覆し、異人種間にだけ適用される婚外の同棲・姦通を罰する法は、修正第一四条が保障する法の平等保護に違反しているから無効であるとし、マクラフリンらの無罪をいいわたした。

ペース判決を覆した重要な判決をえたとはいえ、マクラフリンらにとっては、判決後も依然として、フロリダでは結婚できないし、また未婚者であるがゆえに同棲を続ければ一般の婚外同棲姦淫の罪に問われる可能性も残った。異人種間結婚を禁止する州の法律そのものにたいして、連邦最高裁が違憲判決を突きつけることでしか、この問題は解決しなかった。そして、その機会がついに、訪れることになった。アメリカで一番初めに異人種婚禁止法を制定し、他の州における同種の法律の模範を示し、以後三〇〇年以上も一貫してそれを保持しつづけてきたヴァージニアが、裁きの場にあがらねばならなくなった。

ラヴィング判決

一九五八年にヴァージニア州のキャロライン郡セントラル・ポイントで、一組の男女が逮捕された。白人男性の夫リチャードと混血(アフリカ系黒人と先住民の系譜を引く)妻ミルドレッドのラヴィング夫妻は、両者の実家がその地元にあって、二人は幼いころからの友人であった。セントラル・ポイントは、昔から白人・黒人・先住民が共生と混交を繰り返してきた独特な社会であった。リチャードの父は白人でありながら、地元で相当に裕福な黒人農家に雇われて働いたし、リチャードも幼いころから黒人の友達と多くの時間を遊んで過ごしていた。一九四〇年代から交際を始めたリチャードとミルドレッドは、一九五八年に首都ワシントンＤＣに赴いて結婚式をあげた。もちろん、ヴァージニア州では異人種婚が禁止されていたからである。一月もたたないうちに二人はセントラル・ポイントにもどり、ミルドレッドの両親と同居を始めたが、それから五週間後、夫妻は州の「人種純血保全法」違反で逮捕された。裁判で有罪ならば一年間の懲役をいいわたされるはずであったが、ラヴィング夫妻は進んで罪を認めたため、二人とも二五年間ヴァージニア州外に退去するなら、懲役刑の執行は猶予されることとなった。

この判決に従い、ラヴィング夫妻はワシントンDCに転居し、そこで五年間を過ごして三人の子どもを生み育てた。しかし、故郷を追放されたこと、また二五年が経過してもヴァージニアにもどって家族で生活することは異人種混交禁止法があるかぎり不可能であることに押さえがたい憤りが募った。救済の方途を求めて妻のミルドレッドは、一九六三年、合衆国司法長官ロバート・ケネディに手紙を書いた。司法省は手紙をアメリカ市民的自由連盟に回送し、連盟は人権擁護派の弁護士を無料で夫妻の弁護にあてることを決めた。もちろん訴訟の目的は、夫妻を有罪としたヴァージニア州の人種純血保全法の違憲性を問うことであった。

州地方裁判所では、ラヴィング夫妻の訴えは却下された。裁判を担当した判

●――ラヴィング夫妻

●――映画『招かれざる客』（一九六七年制作）　娘の結婚相手が黒人男性であるとわかった白人中流家庭の苦悩と葛藤を描いた。

●――国務長官の娘の異人種婚
一九六七年に国務長官Ｄ・ラスクの娘が、黒人男性と結婚式をあげたことは全国的なニュースとなり、雑誌『タイム』は表紙で取り上げた。

事は、およそ一世紀前のグリーン判決(一八七七年)で示されたのと同じ「神の意志」を持ち出して、全能の神が五つの人種を別々の大陸に住まわせた理由は人種が混じり合わないようにするためであったと論じて、州の禁止体制を正当化した。

ラヴィングは州最高裁に上訴し、カリフォルニア州のペレス判決に依拠して、結婚する権利が基本的権利であるなら、人種による制限でその権利が侵害されることは違法であると論じた。州最高裁は、しかし、ナイム判決を引用して、州法を合憲と断定した。

これを不服として連邦最高裁に上告したラヴィングの弁護士は、人種差別撤廃の進むべき道程のうえに、本裁判を位置づけた。南部に残存した人種隔離の法律上の制度は実質的に消滅してきたが、黒人を二級市民にとどめておくための象徴的な制度といえる異人種婚禁止法を、ついに連邦最高裁の手で廃棄すべき時期がきた、とラヴィング側は論じた。

ラヴィング側は修正第一四条(平等保護条項と法の正当なる手続き条項)が結婚という基本的人権にもかかわると主張したが、それを後援するかたちで、裁判

▼日系アメリカ人市民連盟　日系人二世の実業家や知的職業人たちが人種差別を克服するために、よりアメリカ人らしく同化を進める組織として一九二九年に結成。太平洋戦争の勃発と日系人強制収容のさいには市民権侵害を黙認するなどの問題をかかえたが、戦後は強制立退き損害賠償請求法（一九四八年）の成立に尽力した。

の行方に強い関心を示した全国黒人向上協会や日系アメリカ人市民連盟（ＪＡＣＬ）▲が、禁止法は違憲であるとする意見書を法廷に提出した。これにたいして州側は、憲法修正第一〇条に依拠して、結婚は州が管轄権をもつ領域であると主張した。ただし、従来の幾多の裁判でこの主張を支える判例として用いられてきたペース判決がマクラフリン事件判決で覆されていたことは、州側にとっては重要な支えを失ったことを意味した。

一九六七年六月、首席判事アール・ウォーレン以下最高裁判事は全員一致で、ヴァージニア州最高裁の判決を破棄して、同州の人種純血保全法を合衆国憲法違反と断定した。ここに、三〇〇年以上にわたって保持されてきた異人種混交禁止の体制を消滅させる最終的な鉄槌《てっつい》がくだされた。

ウォーレン主席判事がしたためたラヴィング判決は、ヴァージニア州最高裁判決のなかで展開された「神の意志」論や、「人種純血の保存」「州民の雑種化の阻止」のような考え方を、「白人優越主義」のあからさまな証明であると断罪した。ウォーレン判事は、州が人種にもとづいて差別的な区分をおこなってはならず、合衆国憲法の反差別の原則が婚姻の問題についても適用されるとする主旨を明快に提示した。

白人にも黒人にも平等に適用されるから修正第一四条の平等保護には違反していないとする「平等適用論」については、州にたいして課せられる人種にかんする公正な処置をヴァージニア州がおこなわないことの理屈にはなりえていないと、判決は決めつけた。結婚は「人間の基本的な市民的権利の一つ」であるから、「人種分類というようなまったく不当な根拠でこの基本的人権を制限することは、法の正当なる手続きなしに市民すべてから自由を奪うことになることはまちがいない。憲法のもとでは、他人種の人と結婚する、あるいは結婚しないという自由は、個人に存するものであり、州によって侵害されることはない」。州法には、いかなる合法的な目的も明示されておらず、あるのは白人優越を維持しようとする人種差別主義だけである、と判決文は言明した。

ブラウン判決の場合とは違って、ラヴィング判決後に大規模な反対運動のようなものは起こらなかった。またブラウン判決は、判決後長いあいだ、多くの州で判決の実施を妨害する行為が続いたが、ラヴィング判決では、暴動も起こらなかったし、最高裁判決を非難する州議会の決議もなされず、婚姻許可証を

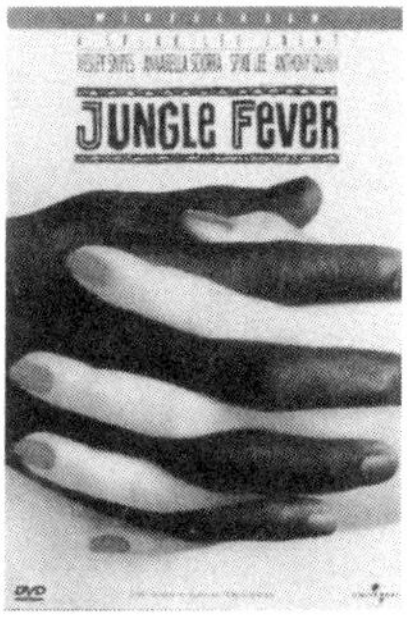

映画『ジャングル・フィーバー』（一九九一年制作）　黒人映画監督スパイク・リーが、黒人男性と白人女性の恋愛をシニカルに描いた。

発行する窓口が閉鎖されることもなかった。ただし、判決に従わない事例も存在した。地方の役場や裁判所が婚姻許可証の発行をしぶり、司法省や連邦地裁が関与して解決することもあった。しかし、おしなべて、判決への反応は冷静なものであったといえる。

ラヴィング判決で、異人種婚禁止州法の効力はなくなり、各州は法の廃止に着手した。判決の翌年の一九六八年にヴァージニアが、六九年にウェストヴァージニア、テキサス、フロリダ、オクラホマ、ミズーリが、七〇年にノースカロライナが、七二年にジョージア、ルイジアナ、ミシシッピが、七四年にデラウェアとケンタッキーが、七八年にテネシーが法律の撤廃を決めた。判決後一〇年を経過しても正式に法律廃止の手続きをとらなかったサウスカロライナはようやく一九九八年に、そして最後に残ったアラバマが二〇〇〇年に州法の廃止をおこなった。南アフリカが、アパルトヘイトと呼ばれる人種差別の政策・制度——そのなかには、白人と非白人との婚姻・性交渉の禁止も含まれていた——を撤廃した一九九一年の時点で、あるいはまたタイガー・ウッズが脚光をあびはじめ、雑誌『タイム』が混血の輝かしい未来像を描いた九〇年代前半において、この最後の二州には、効力をもたなくなってはいたけれども、異人種婚禁止が法律上残っていたことになる。二〇〇〇年にアラバマが州法の存否を州民投票にかけたさいには、投票者の四〇％が禁止法の存続を望んだことも、つけ加えておかねばならない。

挑戦した人びとの存在

法廷での数多《あまた》の争いのなかで、異人種混交禁止の体制に挑戦しつづけた異人種カップルや混血者たちの姿が浮かび上がる。禁止法が効力を失いかけた南北戦争直後の共和党再建期の短い間隙をぬって、奴隷制時代から夫婦であったことを主張した異人種カップル。白人である夫や父親の財産の相続を求めて、結婚の正当性を主張する黒人の妻や、正規の嫡出子であることを主張する混血児たち。本書では取り上げることができなかったが、財産の相続権を主張するために、法律が定める人種規定の曖昧《あいまい》さを逆手にとって、自分が黒人でないことをさまざまな手段で証明しようとした人びとも数多くいた。彼らは、黒人の血が四分の一や八分の一未満であることを示すために、数十年も前に亡くなった祖父母や曾祖父母の肌の色や髪の毛の縮れ具合について、記憶も定かでなくなった年老いた知人や親戚に法廷で証言させた。そのことは、人種を確定するという行為が、じつは普遍的な根拠のない、かぎりなく虚妄に近い愚行であることを、暗黙のうちに社会に伝えてきた。

異人種婚を禁止していない州で結婚式をあげて正規の婚姻許可証を獲得して、ふたたび故郷にもどって暮しを始める夫婦がいた。彼らは、基本的人権を制約する法律を州が定めてはならないとする合衆国憲法の意味を問うために法廷で争った。訴えが認められず、異人種間姦淫の罪で重い罰金を科せられたあとも、ふたたび訴追される危険があったにもかかわらず夫婦として世帯を維持しつづけた男女もいた。そして、異人種婚を禁止する州法そのものが、すべての市民に平等な権利を保障し、法の前での平等を保証する合衆国憲法に違反することを、何組もの異人種カップルが繰り返し訴えつづけたのである。異人種婚禁止制度の歴史は、不変で不動のように思えたその制度にいどんだ人びとの、勇敢で、くじけることのない、しかも機知に富んだ営みの歴史でもあった。

混血女性を妻にしたことでヴァージニア州を追放されたリチャード・ラヴィ

異人種婚と同性婚　州法によって非合法化されてきた異人種間結婚が最終的に法的正当性をもつものとして確立されるようになった過程は、同性間の結婚をめぐる近年の論争において、頻繁に言及されてきた。二〇一五年六月、連邦最高裁判所は、州の法律で結婚を異性間の男女のみに限定していたミシガン州などに対して、それらが法のもとでの平等を保証する憲法修正第一四条に違反していることなどを根拠に、同性間の結婚も合法化するよう命じる判決をくだした。これにより、州の定めにかかわらず、事実上、全米で同性婚が合法化されることになる。判決文で、結婚の自由は州によって侵害されてはならないとしたラヴィング判決が何度も引用されたことは、いうまでもない。ただし、法廷では判事九人のうち四人が、結婚を異性間に限定する州の定めを覆すべきではないとして、判決に反対意見を述べた。

ングは、自分たちを裁いた州の法律を憲法違反として訴訟を起こすことを決意するが、そのさいに弁護士に語った言葉が、のちに連邦最高裁の弁論で引用された。このひとことが、ラヴィング判決を導き、三〇〇年以上も続いた異人種混交禁止の体制に終止符を打たせることになったというと、誇張にすぎるだろうか。

コーエン先生、私が妻を愛しているんだと裁判所に言ってください。ヴァージニアで彼女と一緒に暮せないなんて、ほんとに不公平じゃないですか。

参考文献

有賀夏紀・油井大三郎編『アメリカの歴史――テーマで読む多文化社会の夢と現実』有斐閣　二〇〇三年
ガブリエル・アンチオープ（石塚道子訳）『ニグロ、ダンス、抵抗――十七〜十九世紀カリブ海地域奴隷制史』人文書院　二〇〇一年
池本幸三『近代奴隷制社会の史的展開――チェサピーク湾ヴァジニア植民地を中心として』ミネルヴァ書房　一九八七年
C・V・ウッドワード（清水博ほか訳）『アメリカ人種差別の歴史』（新装版）福村出版　一九九八年
大塚秀之『現代アメリカ社会論――階級・人種・エスニシティーからの分析』大月書店　二〇〇一年
川島正樹編『アメリカニズムと「人種」』名古屋大学出版会　二〇〇五年
阪上孝編『変異するダーウィニズム――進化論と社会』京都大学学術出版会　二〇〇三年
ロナルド・シーガル（富田虎男監訳）『ブラック・ディアスポラ――世界の黒人がつくる歴史・社会・文化』明石書店　一九九九年
ジャクリーン・ジョーンズ（風呂本惇子ほか訳）『愛と哀――アメリカ黒人女性労働史』學藝書林　一九九七年
竹沢泰子編『人種概念の普遍性を問う――西洋的パラダイムを超えて』人文書院　二〇〇五年
辻内鏡人『アメリカの奴隷制と自由主義』東京大学出版会　一九九七年
カール・N・デグラー（儀部景俊訳）『ブラジルと合衆国の人種差別』亜紀書房　一九八六年
富田虎男『アメリカ・インディアンの歴史』（第三版）雄山閣出版　一九九七年

中條献『歴史のなかの人種――アメリカが創り出す差異と多様性』北樹出版　二〇〇四年
藤川隆男編『白人とは何か?――ホワイトネス・スタディーズ入門』刀水書房　二〇〇五年
ジョン・ホープ・フランクリン（本田創造監訳）『人種と歴史――黒人歴史家のみたアメリカ社会』岩波書店　一九九三年
デイヴィッド・A・ホリンガー（藤田文子訳）『ポストエスニック・アメリカ――多文化主義を超えて』明石書店　二〇〇二年
アンソニー・W・マークス（富野幹雄ほか訳）『黒人差別と国民国家』春風社　二〇〇七年
油井大三郎・遠藤泰生編『多文化主義のアメリカ――揺らぐナショナル・アイデンティティ』東京大学出版会　一九九九年
歴史学研究会編『「他者」との遭遇』（南北アメリカの五〇〇年1）青木書店　一九九二年
Hodes, Martha (ed.), *Sex, Love, Race: Crossing Boundaries in North American History,* New York University Press, 1999.
Kennedy, Randall, *Interracial Intimacies: Sex, Marriage, Identity, and Adoption,* New York: Pantheon, 2003.
Nash, Gary, *Forbidden Love: The Secret History of Mixed-Race America,* New York: Henry Holt and Company, 1999.
Robinson, Charles F. II, *Dangerous Liaisons: Sex and Love in the Segregated South,* Fayetteville: The University of Arkansas Press, 2003.
Sollors, Werner (ed.), *Interracialism: Black-White Intermarriage in American History, Literature, and Law,* Oxford: Oxford University Press, 2000.
Wallenstein, Peter, *Tell the Court I Love My Wife : Race Marrige and Law,* New York: Palgrave Macmillan, 2002.
Williamson, Joel, *New People: Miscegenation and Mulattoes in the United States,* Baton Rouge: Louisiana State University Press, 1995.

図版出典一覧

K. Alonso, *Loving v. Virginia: Interracial Marriage,* Berkeley: Enslow Publishers, 2000. *71, 77*下, *81*上

L. P. Beth, *John Marshall Harlan: The Last Whig Justice,* University Press of Kentucky, 1992. *48*

M. P. Guterl, *The Color of Race in America, 1900–1940,* Harvard University Press, 2001. *56*

C. R. Larson, *Invisible Darkness: Jean Toomer & Nella Larsen,* University of Iowa Press, 1993. *55*

E. Lemire, *"Miscegenation": Making Race in America,* University of Pennsylvania Press, 2002. *29*下

M. T. Y. Lui, *The Chinatown Trunk Mystery: Murder, Miscegenation, and Other Dangerous Encounters in Turn-of-the-Century New York City,* Princeton University Press, 2005. *58*

J. M. Murrin, P. E. Johnson, J. M. McPherson et al., *Liberty, Equality, Power: A History of the American People,* Harcourt Brace College Publishers, 1996. *11,16,24,38,39,45,70,78*

G. B. Nash, *Forbidden Love: The Secret History of Mixed-Race America,* New York: Henry Holt and Company, 1999. *7*上,*29*上,*52,59*下

D. R. Roediger, *Colored White: Transcending the Racial Past,* University of California Press, 2002. *7*下右

M. Stern, *Calculating Visions: Kennedy, Johnson, and Civil Rights,* Rutgers University Press, 1992. *74, 76*

G. W. Stocking, Jr., *The Shaping of American Anthropology, 1883–1911: A Franz Boas Reader,* New York: Basic Books, 1974. *66*

P. Wallenstein, *Tell the Court I Love My Wife: Race, Marriage, and Law,* New York: Palgrave Macmillan, 2002. *81*下

著者（山田）撮影 *26*

著者（山田）提供 *7*下左, *9, 81*中, *85*

ユニフォトプレス提供 カバー表, カバー裏, 扉

世界史リブレット91

アメリカ史《し》のなかの人種《じんしゅ》

2006年6月25日　1版1刷発行
2025年8月30日　1版7刷発行

著者：山田史郎《やまだしろう》

発行者：野澤武史

装幀者：菊地信義

発行所：株式会社 山川出版社

〒101-0047　東京都千代田区内神田1-13-13
電話　03-3293-8131(営業)　8134(編集)
https://www.yamakawa.co.jp/

印刷所：信毎書籍印刷株式会社

製本所：株式会社 ブロケード

ISBN978-4-634-34910-0

世界史リブレット　第Ⅰ期［全56巻］

〈すべて既刊〉

1 都市国家の誕生
2 ポリス社会に生きる
3 古代ローマの市民社会
4 マニ教とゾロアスター教
5 ヒンドゥー教とインド社会
6 秦漢帝国へのアプローチ
7 東アジア文化圏の形成
8 中国の都市空間を読む
9 科挙と官僚制
10 西域文書からみた中国史
11 内陸アジア史の展開
12 歴史世界としての東南アジア
13 東アジアの「近世」
14 アフリカ史の意味
15 イスラームのとらえ方
16 イスラームの都市世界
17 イスラームの生活と技術
18 浴場から見たイスラーム文化
19 オスマン帝国の時代
20 中世の異端者たち
21 修道院にみるヨーロッパの心
22 東欧世界の成立
23 中世ヨーロッパの都市世界
24 中世ヨーロッパの農村世界
25 海の道と東西の出会い
26 ラテンアメリカの歴史
27 宗教改革とその時代
28 ルネサンス文化と科学
29 主権国家体制の成立
30 ハプスブルク帝国
31 宮廷文化と民衆文化
32 大陸国家アメリカの展開
33 フランス革命の社会史
34 ジェントルマンと科学
35 国民国家とナショナリズム
36 植物と市民の文化
37 イスラーム世界の危機と改革
38 イギリス支配とインド社会
39 東南アジアの中国人社会
40 帝国主義と世界の一体化
41 変容する近代東アジアの国際秩序
42 アジアのナショナリズム
43 朝鮮の近代
44 日本のアジア侵略
45 バルカンの民族主義
46 世紀末とベル・エポックの文化
47 二つの世界大戦
48 大衆消費社会の登場
49 ナチズムの時代
50 歴史としての核時代
51 現代中国政治を読む
52 中東和平への道
53 世界史のなかのマイノリティ
54 国際体制の展開
55 国際経済体制の再建から多極化へ
56 南北・南南問題

世界史リブレット　第Ⅱ期［全36巻］

〈すべて既刊〉

57 歴史意識の芽生えと歴史記述の始まり
58 ヨーロッパとイスラーム世界
59 スペインのユダヤ人
60 サハラが結ぶ南北交流
61 中国史のなかの諸民族
62 オアシス国家とキャラヴァン交易
63 中国の海商と海賊
64 ヨーロッパからみた太平洋
65 太平天国にみる異文化受容
66 日本人のアジア認識
67 朝鮮からみた華夷思想
68 東アジアの儒教と礼
69 現代イスラーム思想の源流
70 中央アジアのイスラーム
71 インドのヒンドゥーとムスリム
72 東南アジアの建国神話
73 地中海世界の都市と住居
74 啓蒙都市ウィーン
75 ドイツの労働者住宅
76 イスラームの美術工芸
77 バロック美術の成立
78 ファシズムと文化
79 オスマン帝国の近代と海軍
80 ヨーロッパの傭兵
81 近代技術と社会
82 近代医学の光と影
83 東ユーラシアの生態環境史
84 東南アジアの農村社会
85 イスラーム農書の世界
86 インド社会とカースト
87 中国史のなかの家族
88 啓蒙の世紀と文明観
89 女と男と子どもの近代
90 タバコが語る世界史
91 アメリカ史のなかの人種
92 歴史のなかのソ連